마오쩌둥 잠언

마오쩌둥

잠언

毛泽东 箴言

중국중공문헌연구회 편
김 승 일 역

 경지출판사

머리말

마오쩌둥은 위대한 마르크스주의자이고, 위대한 무산계급 혁명가이며, 전략가이고 이론가로, 중국공산당, 중국인민해방군, 중화인민공화국의 주요 창건자이며, 영도자이다. 그는 중국의 혁명과 건설을 장기간 동안 영도하면서 실천해 오는 가운데 우리들에게 대량의 정신적 재부를 남겨 놓았다. 그의 저술 가운데에는 충분한 철학적 이치를 담고 있는 내용이 많이 있으며, 의미가 심각하고 쉽게 이해할 수 있는 명언 경구(警句) 등이 많이 있다. 이를 통해 그는 세계관, 인생관, 방법론 등 각 방면에서 사람들에게 깨우침과 가르침을 주었는데, 이것이 세상에 잠언으로 전해지고 있는 것이다.

본 서에 들어 있는 내용은 『모택동선집』 제1권-4권(인민출판사 1991년), 『모택동문집』 제1권-8권(인민출판사 1993- 1999), 『건국 이래 모택동 문고』 제1책-13책(중앙문헌출판사 1987-1998)에서 발췌하여 정리한 것인데, 이를 마오쩌둥이 창도한 통일과 모순과의 대립을 변증방법으로 전화(轉化)시켜 전체 360개의 문장으로 분류하였다. 그리고 독자들이 보는데 편리토록 하기 위해, 매 문장마다 주를 달아 그 내용의 출처를 분명하게 했다. 그렇지만 혹 소홀한 곳이 있을 수도 있으므로, 독자들의 많은 지적을 바라는 바이다.

2009년 9월 9일

편집부

차례

세상 보는 법(觀世)

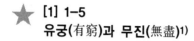

[1] 1-5
유궁(有窮)과 무진(無盡)¹⁾

1.

무엇을 문제라고 하는가?

문제란 바로 사물의 모순을 말한다.

어디에 해결해야 할 모순이 있는지 없는지를 살피는 것은,

어딘가에는 문제가 반드시 있게 마련이기 때문이다.

– 「모택동 선집」, 제2판, 제3권, 839쪽.

什么叫问题?

问题就是事物的矛盾。

哪里有没有解决的矛盾,

哪里就有问题。

---

1) 끝이 있는 것과 끝이 없는 것.

2.

상황은 언제나 불완전하다.
이것이 바로 우리가 비교적 완전함을 향해 전진하고,
상대적으로 진리를 향해 전진해야 하는 임무인데,
그러나 영원히 절대적 완전에는 도달할 수가 없고,
절대적인 진리에도 도달할 수는 없다.
그래서 우리들은 무궁무진한 경지에 이를 때까지
노력해야만 하는 것이다.

－「모택동 문집」, 제3권, 300쪽.

事情总是不完全的,
这就给我们一个任务,
向比较完全前进,
向相对真理前进,
但是永远也达不到绝对完全,
达不到绝对真理。
所以,
我们要无穷尽无止境地努力。

3.

하나의 모순을 극복하면
또 다른 하나의 모순이 나타난다.
어떤 시간에도
어떤 곳에서도
어떤 사람에게도
언제나 모순은 존재하게 마련이다.
모순이 없다면, 세계는 없는 것이다.

　－「모택동 문집」, 제7권, 66쪽.

　一个矛盾克服了,
　又一个矛盾产生了。
　在任何时间,
　任何地方,
　任何人身上,
　总是有矛盾存在的,
　没有矛盾就没有世界。

4.

세계상에는 좋고 나쁜 것이 있는 법이니,

자고이래 언제나 그러했고,

1만년 후에도 또한 그러할 것이다.

그러한 원인은 세계상에 나쁜 것이 존재하기에,

우리는 이를 개조해야 하고,

그렇기 때문에 일을 하는 것이다.

그러나 우리가 모든 것을 잘 해낼 수는 없다.

그렇지 않으면 우리의 후대들이 할 일이 없게 될 것이다.

– 『모택동 문집』, 제7권, 69쪽.

世界上有好的东西, 也有坏的东西,

自古以来是这样,

一万年后也会是这样。

正因为世界上有坏的东西,

我们才要改造, 才要做工作。

但是我们不会把一切都做好,

否则我们的后代就没有工作可做了。

5.

만일 우리들의 인식이 무궁무진하다면
우리들은 이미 일체의 모든 것을 인식했을 터인데,
아직 우리가 더 해야 할 일에는 무엇이 있을까?

  - 『모택동 문집』, 제8권, 389쪽.

  如果我们的认识是有穷尽的,
  我们已经把一切都认识到了,
  还要我们这些人干什么?

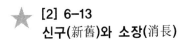

6.

일체의 새로운 것은 모두 힘들고 어려운 투쟁 속에서
단련되어 나온다.

　－ 『모택동 선집』, 제2판, 제2권, 704쪽.

　　一切新的东西都是从艰苦斗争中
　　锻炼出来的。

7.

매년 봄과 여름이 교차하고

여름과 가을이 교차하며

가을과 겨울이 교차하고, 겨울과 봄이 교차할 때면

그 때마다 옷을 바꿔 입는다.

그러나 사람들은 종종 그러한 교차 시에도

옷을 바꿔 입지 않으니,

여러 가지 병에 걸릴 수밖에 없는데,

이는 바로 습관에 의해 일어나는 것이다.

－『모택동 선집』, 제2판, 제3권, 882쪽.

每年的春夏之交,

夏秋之交,

秋冬之交和冬春之交,

各要变换一次衣服。

但是人们往往在那"之交"

不会变换衣服,

要闹出些毛病来,

这就是由于习惯的力量。

8.

과거에 한 일은

마치 만리장정의 첫 걸음을 걸은 것에 불과하다.

......

우리들은 익숙한 것에는 빨리 게을러지려고 하고,

우리들이 익숙하지 않은 것은 우리를 강박시켜 일하게 하

는데,

이렇게 하는 것은 곤란하다.

– 「모택동 선집」, 제2판, 제4권, 1480쪽.

过去的工作只不过是像万里长征

走完了第一步。

......

我们熟习的东西有些快要闲起来了,

我们不熟习的东西正在强迫我们去做。

这就是困难。

9.

옛 것을 곧바로 버리는 것이 쉬운 일은 아니나,
새로운 것을 곧바로 받아들이는 것 또한 쉬운 일이 아니다.

  - 「모택동 문집」, 제6권, 489쪽.

旧的东西要一下子去掉很不容易,

新的东西要一下子接受也不容易。

10.

모든 것은 변하기 마련이다.
부패한 커다란 역량은 새로운 작은 역량에게 양위될 것이다.
이러한 작은 역량은 큰 것으로 변하고자 하는데,
왜냐하면 대다수의 사람들이 변하기를 요구하기 때문이다.

– 『모택동 문집』, 제7권, 71쪽.

一切会有变化。
腐朽的大的力量要让位给新生的
小的力量。
力量小的要变成大的,
因为大多数人要求变。

11.

정확하다는 것은
좋은 것이다.
사람들은 처음부터 언제나 다른 것들의 유익함을 인정하
지 않고,
반대로 그것들을 독초처럼 봐버린다.

– 『모택동 문집』, 제7권, 229쪽.

正确的东西,
好的东西,
人们一开始常常不承认它们是香花,
反而把它们看作毒草。

12.

어떤 것이나 다 옛것에는 습관화되어 있어,
새것에 대해서는 뚫고 들어가지를 못한다.
왜냐하면 옛것이 새로운 것을 억누르기 때문이다.

   −「모택동 문집」, 제7권, 261쪽.

什么东西都是旧的习惯了新的
就钻不进去,
因为旧的把新的压住了。

13.

한 장의 백지 자체에 대한,

부담은 없겠지만,

가장 새롭고 가장 아름다운 문자를 잘 써 넣어야 하고,

가장 새롭고 가장 아름다운 그림을 잘 그려 넣어야 한다.

　-「건국 이래 모택동 문고」, 제7책, 178쪽.

　一张白纸,

　没有负担,

　好写最新最美的文字,

　好画最新最美的画图。

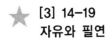

14.

왜 파악하지를 못하는가?

왜냐하면 그 일의 내용과 환경에 대해

규칙적인 이해를 하지 못했거나,

그렇지 않으면 종래 이러한 류의 일을 접해보지 않았거나,

혹은 접한 일이 많지 않았기 때문이다.

그것은 곧 이러한 일의 규칙성을 말한 적이 없다는 것을
말해준다.

– 『모택동 선집』, 제2판, 제1권, 289쪽.

为什么没有把握呢?

因为他对于这项工作的内容和环境

没有规律性的了解,

或者他从来就没有接触过这类工作,

或者接触得不多,

因而无从谈到这类工作的规律性。

15.

상황은 서서히 이해하는 것이기는 하나,
계속 끊임없이 노력할 필요는 있다.
세계를 인식한다는 것은,
그리 쉬운 일이 아니다.

　-「모택동 문집」, 제2권, 378쪽.

情况是逐渐了解的,
需要继续不断的努力。
认识世界,
不是一件容易的事。

16.

오로지 승리하는 것만 보고,
실패는 보지 말아야 하며,
규율은 알려고만 해서는 안 된다.

– 『모택동 문집』, 제8권, 105쪽.

只看见胜利,
没有看见失败,
要认识规律是不行的。

17.

규율은 사물이 운동하는 중에 반복적으로 나타나는 것이지,
우연히 나타나는 것은 아니다.
규율은 반복 출현하는 것이므로,
능히 인식할 수가 있다.

– 『모택동 문집』, 제8권, 105쪽.

規律是在事物的运动中
反复出现的东西,
不是偶然出现的东西。
規律既然反复出现,
因此就能够被认识。

18.

자유와 근거는 필연적 인식에 대해,
객관세계를 성공적으로 개조시킨다.
이러한 필연이라는 것은,
한 눈에 꿰뚫어 볼 수 있는 것은 아니다.
세상에 천성적인 성인은 없다.

  – 「모택동 문집」, 제8권, 118쪽.

自由是对必然的认识并根据对
必然的认识成功地改造客观世界。
这个必然不是一眼就能X看穿看透的。
世界上没有天生的圣人。

19.

소위 필연이라고 하는 것은,
바로 객관적으로 존재하는 규율성을 말하는 것이며,
그것을 인식하지 않기 전에는,
우리들의 행동이 언제나 자각적이지 않으며,
그저 맹목성을 띨 뿐이다.
이때의 우리들은 그저 바보일 뿐이다.

　－「모택동 문집」, 제8권, 306쪽.

所谓必然,
就是客观存在的规律性,
在没有认识它以前,
我们的行动总是不自觉的,
带着盲目性的。
这时候我们是一些蠢人。

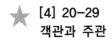

20.

우리가 저지르는 착오는,
그 발생 원인을 연구해야만 한다.
언제나 우리들은
그 때 그 지역의 실제상황에서 벗어나고자 하기 때문인데,
자기가 해야 할 일에 대한 방침을
주관적으로 결정하는 데서 연유된다.

– 「모택동 선집」, 제2판, 제4권, 1308쪽.

我们所犯的错误,
研究其发生的原因,
都是由于我们离开了当时当地的
实际情况,
主观地决定自己的工作方针。

21.

경험이 없으면,
착오를 범하는 것을 피하지 못한다.
경험이 없는 데서 경험이 있는 쪽으로 이르게 하려면,
하나의 과정이 있기를 원해야 한다.

- 「모택동 선집」, 제2판, 제4권, 1321쪽.

没有经验,
就难免要犯错误。
从没有经验到有经验,
要有一个过程。

22.

사물은 충분히 뒤섞여져 복잡하고,

또한 변화 발전한다.

사람이 사유한다는 것은,

객관적 실제를 따라가지 못함을 반영하는 것이기에,

반드시 착오를 범하게 된다······.

　–「모택동 문집」, 제7권, 65-66쪽.

　事物是十分错综复杂的,

　又是在发展变化的,

　人的思维的反映跟不上客观实际,

　就一定会犯错误······.

23.

무슨 일이든지 과분해서는 안 된다.

과분하다는 것은 바로 잘못을 저지를 수 있게 하기 때문
이다.

- 「모택동 문집」, 제7권, 70쪽.

什么事情都不能过分,

过分了就要犯错误。

24.

우리들은 착오로 하여금 되도록 작게 해야 하는데,

그것은 가능한 일이다.

그러나 우리가 착오를 저지를 수 있음을 부인하는 것은,

현실적이지 못한 것이고,

그곳은 우리가 사는 세계가 아니고,

지구도 아니며,

그것은 화성에서나 가능한 일이다.

- 『모택동 문집』, 제7권, 70쪽.

我们要使错误小一些,

这是可能的。

但否认我们会有错误,

那是不现实的,

那就不是世界,

不是地球,

而是火星了。

25.

어떤 때 객관적 상황에 부합되지 않는 것을
주관적으로 안배해 버리면,
모순을 일으키게 되고,
평형을 파괴하게 되는데,
이것이 바로 잘못을 저지르는 것이다.

- 『모택동 문집』, 제7권, 216쪽.

有时因为主观安排不符合客观情况,
发生矛盾,
破坏平衡,
这就叫做犯错误。

26.

잘못을 많고 적게 저지르는 것은,
키다리와 난쟁이의 관계이다.
잘못을 적게 저지르는 것은
가능한 일이므로,
반드시 그렇게 해야 한다…….

– 「모택동 문집」, 제7권, 376쪽.

错误犯得多少,
是高个子和矮个子的关系。
少犯错误,
是可能的,
应该办到…….

27.

만일 노력을 통해 일을 처리할 수 있다면,
바로 노력을 해서 일을 처리해야 하는데,
만일 노력하지 않는다면 그것을 보수주의라고 한다.
일을 처리할 수 없는 것은 하지 말아야지,
반드시 그 일을 처리하고자 하는 것을 주관주의라고 한다.

– 「건국 이래 모택동 문고」, 제8책, 34쪽.

凡是经过努力可以办到的事情就要
努力办到,
如果不去努力就叫保守主义；
不能办到的就不办,
一定要它办到就是主观主义。

28.

어느 곳에 잘못을 저지르지 않는 경우가 있는가?

한 번에 진리를 완성하는 소위 성인이 있을 수 있다는 말인가?

진리란 한 번에 완성되는 것이 아니고,

서서히 완성되는 것이다.

－「건국 이래 모택동 문고」, 제9책, 215쪽.

哪里有完全不犯错误,

一次就完成了真理的所谓圣人呢?

真理不是一次完成的,

而是逐步完成的。

29.

주의해서 일하면,

맞는 일이 많고,

틀리는 일은 조금 있을 뿐이니,

그러면 되는 것이다.

언제나 자기가 하는 일이 옳다고 생각하여

마치 진리가 모두 자기 손 안에 있다는 듯이

생각해서는 안 된다.

　－『건국 이래 모택동 문고』, 제11책, 87쪽.

打主意,

对的多,

错的少一点,

就行了。

不要总是以为自己对,

好像真理都在自己手里。

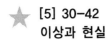

[5] 30−42
이상과 현실

30.

우리들의 임무는 강을 건너는 것이다.

그러나 다리가 없거나 혹은 배가 없으면 건너지를 못한다.

다리나 배의 문제를 해결하지 못한다면,

강을 건넌다는 것은 빈말에 불과하다.

방법과 문제를 해결하지 못한다면,

임무를 맡는다는 것은 단지 허튼 소리에 불과할 뿐이다.

– 『모택동 선집』, 제2판, 제2판, 제1권, 139쪽.

我们的任务是过河,

但是没有桥或没有船就不能过。

不解决桥或船的问题,

过河就是一句空话。

不解决方法问题,

任务也只是瞎说一顿。

31.

모든 전도(前途)는 밝지만,
그러나 필연적으로 장기적인 투쟁과 곡절이 있는 투쟁을
거쳐야만 한다.
단기적이고 직접적인 승리는 없는 것이다.

－「모택동 문집」, 제2권, 216쪽.

　总的前途是光明的,
　但必然经过长期的斗争与曲折的斗争。
　短期的与直线的胜利是没有的。

32.

우리가 문제를 토론할 때는,

반드시 실제에서 출발해야 하고,

정의를 내리는 것으로부터 출발해서는 안 된다.

- 『모택동 선집』, 제2판, 제3권, 853쪽.

我们讨论问题,

应当从实际出发,

不是从定义出发。

33.

비행기는 날아오른 후에는 반드시 돌아와
한 곳에 내려야 하지만,
아무 곳에나 내려앉지는 못한다.
그러나 교조주의는 내리지를 않는데,
그것은 공중에 걸려 있기 때문이다.

－『모택동 문집』, 제3권, 150쪽.

像飞机飞上天总得飞回来要落在
一个地方,
不能a到处飞不落地。
教条主义是不落地的,
它是挂在空中的。

34.

비록 이상은 반드시 있어야 하지만,

그러나 어떤 하나의 것과 결합되어져야만 하는데, 곧 "현
실"을 적으로 만들어야 하는 것이다.

– 「모택동 문집」, 제3권, 361쪽.

虽然理想一定要有,
但是还要结合一个东西,
叫做"现实"。

35.

모철(毛鐵)을 단련시켜야 강철이 되는데,
이는 바로 무수히 두드리는 과정을 지나야만 하는 것이다.

　－「모택동 문집」, 제3권, 393쪽.

　毛铁炼成钢,
　是要经过无数次的敲打的。

36.

우리 대오는 대부분 곡절(즉 곤란)이라는
두 글자로부터 착상하여,
어느 정도는 현실을 반영시키는데,
이는 실망할 때 많은 고뇌가 일어나는 것을 면하게 해준다.
곤란을 극복한다는 것은,
결코 쉬운 일이 아니다.

－「모택동 문집」, 제4권, 29쪽.

吾輩多从曲折(即困难)二字着想,
庶几"反映了现实,
免至失望时发生许多苦恼。
而困难之克服,
决不是那么容易的事情。

37.

세계상에 곧은길은 없으므로,
굽은 길을 걸어갈 준비를 해야 하며,
싼 것을 탐해서는 안 된다.

  - 『모택동 선집』, 제2판, 제4권, 1163쪽.

世界上没有直路,
要准备走曲折的路,
不要贪便宜。

38.

세계는 아름답지만,

그러나 또한 아름답지도 않으니,

그것은 세계상에 투쟁도 있고 모순도 있기 때문이다.

희망이란 모두 다 좋은 것이나,

이는 우리들의 주관적인 생각이고,

현실은 객관적이다.

　─「모택동 문집」, 제7권, 69쪽.

世界是美丽的,

但也不是美丽的,

世界上有斗争、有矛盾。

希望一切都是好的,

这是我们的主观,

而现实是客观。

39.

모순이 없는 생각은 객관적 사실에 부합하지 않고,
실제적으로는 천진난만한 생각이다.

- 「모택동 문집」, 제7권, 204쪽.

没有矛盾的想法是不符合客观
实际的天真的想法。

40.

어렵고 힘든 곡절을 지나치지 않으려 생각한다면,
엄청난 노력으로 대처하지 않으면 안 되며,
언제나 순풍에 돛을 단 듯,
쉽게 성공을 할 수 있다고 하는 생각은
그저 환상일 뿐이다.

－「모택동 문집」, 제7권, 220쪽.

要想不经过艰难曲折,
不付出极大努力,
总是一帆风顺,
容易得到成功,
这种想法, 只是幻想。

41.

말은 말이고,

하는 것은 하는 것이지만,

막상 하고자 하면 그리 쉬운 것은 없다.

- 「모택동 문집」, 제8권, 129쪽.

讲是讲,

做是做,

做起来并不容易。

42.

세계상의 사정이 바로 이러하므로,
돌아가는 길을 걸어가야 하는데,
S자 형 길이 그것이다.

– 「건국 이래 모택동 문고」, 제13책, 181쪽.

世界上的事情就是这样，
要走弯路，
就是S形。

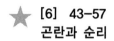

43.

유리한 상황과 주도적으로 회복하는 상황이,
왕왕 있게 마련인데,
이는 "다시 한 번 버텨보자"고 노력하는 가운데서 나타난다.

- 『모택동 선집』, 제2판, 제2권, 412쪽.

往往有这种情形,
有利的情况和主动的恢复,
产生于"再坚持一下"的努力之中。

44.

현재 우리들의 곤란은

어떤 것은 이미 지나갔고, 어떤 것은 곧 지나갈 것이다.

우리들은 이미 현재의 곤란보다 몇 배나 더 많은 곤란을 지나왔으니,

그러한 곤란이 또 다시 오면 우리는 역시 지나치게 될 것이다.

……

우리의 눈앞에 비관적인 것은 없으므로,

우리들은 어떠한 곤란도 이겨낼 능력이 있다.

– 「모택동 선집」, 제2판, 제3권, 895쪽.

我们现在的困难,

有的已经渡过, 有的快要渡过。

我们曾经历过比现在还要困难到

多少倍的时候,

那样的困难我们也渡过了。

……

在我们面前是没有悲观的,

我们能够战胜任何的困难。

45.

우리들의 동지가 곤란한 지경에 처해 있을 때,
우리는 그동안 해낸 우리의 성적을 보고,
광명을 보면서,
우리들의 용기를 제고시켜야 한다.

   -『모택동 선집』, 제2판, 제3권, 1005쪽.

   我们的同志在困难的时候,
   要看到成绩,
   要看到光明,
   要提高我们的勇气。

46.

세계상에 풍파가 없을 수는 없으나,

풍파를 두려워하면 인간의 도리를 할 수가 없으니,

속히 염라대왕에게나 가는 것이 낫다.

우리 당은 현재 항상 풍파를 만나고 있는데,

커다란 풍파도 있고,

중간적인 풍파도 있으며,

작은 풍파도 있지만,

우리는 이들 풍파를 두려워해서는 안 된다.

– 『모택동 문집』, 제3권, 317쪽.

世界上不会没有风波,

怕风波就不能做人,

那就赶快到阎王那里去交账。

我们党现在经常遇到风波,

有大风波,

中风波,

小风波,

我们不要怕风波。

47.

천재지변은 나쁜 일이긴 하나,
그 속에는 좋은 요소도 있다.
여러분이 만일 그런 나쁜 일을 만나지 않는다면,
여러분은 그 나쁜 일의 근본에 대응할 수 있는 것을
배울 수가 없을 것이다.
그렇기 때문에 힘들고 어려운 고통과 환난은,
우리들로 하여금 일을 성공적으로 이끌어 가게 하는 것이다.

　－「모택동 문집」, 제3권, 390쪽.

世界上不会没有风波,
怕风波就不能做人,
那就赶快到阎王那里去交账。
我们党现在经常遇到风波,
有大风波,
中风波,
小风波,
我们不要怕风波。

48.

여기서 실패하면,
저곳에서는 승리한다.
……

"동쪽이 흐리면 서쪽이 맑고,
남쪽이 흐려도 북쪽이 있다"
우리에게는 어디든지 갈 길이 있다.

– 「모택동 문집」, 제3권, 392쪽.

此处失败，
彼处胜利。
……

东方不亮西方亮，
黑了南方有北方，
我们总有道路。

49.

결심이 서면,
희생이 두렵지 않고,
온갖 어려움을 배제할 수 있으며,
나아가 승리를 쟁취할 수 있다.

– 「모택동 선집」, 제2판, 제3권, 1101쪽.

下定决心,
不怕牺牲,
排除万难,
去争取胜利。

50.

일하는 것을 무엇이라고 하는가 하면,

일이란 바로 투쟁을 말한다.

여러 곳에는 곤란한 일과 문제들이 있으므로,

우리가 가서 해결하는 것이 필요하다.

우리들은 곤란한 문제를 해결하기 위해

가서 일 해야 하고,

투쟁해야 한다.

더욱 곤란한 곳일수록 가기를 원해야 하는데,

그러한 자만이 좋은 동지이다.

　－『모택동 선집』, 제2판, 제4권, 1161쪽.

什么叫工作,

工作就是斗争。

那些地方有困难, 有问题,

需要我们去解决。

我们是为着解决困难去工作,

去斗争的。

越是困难的地方越是要去,

这才是好同志。

51.

하늘에 새털구름이 나타났을 때,
우리는 다음과 같이 말한다.
저것은 잠시적인 현상일 뿐,
어둠이 덮이면 곧 사라질 것이니,
서광은 눈앞에만 있는 것이다.

– 『모택동 선집』, 제2판, 제4권, 1245-1246쪽.

当着天空中出现乌云的时候，
我们就指出：
这不过是暂时的现象，
黑暗即将过去，
曙光即在前头。

52.

중국인들은 모두가 죽음을 두려워하지 않는데,
그런데도 곤란한 일에는 두려워하는가?

– 「모택동 선집」, 제2판, 제4권, 1496쪽.

中国人死都不怕,
还怕困难吗?

53.

비록 우리들의 투쟁과정 중에,

어떤 때 여러 가지 곤란한 일을 만나더라도,

우리는 관음보살에 의지하여 목숨을 구해서는 안 되고,

자신의 두 손에 의지하여 곤란을 극복해야 한다.

　－「모택동 문집」, 제6권, 92쪽.

虽然在我们的斗争过程中,

有时曾遇到一些困难,

但是我们不是靠观音菩萨来救命,

而是靠自己的双手去克服困难。

54.

한 가지 일은 안 하면 그만이지만,
한다고 했으면 반드시 끝까지 하고,
최후에는 승리해야 한다.

– 『건국 이래 모택동 문고』, 제4책, 330쪽.

一件事不做则已,
做则必做到底,
做到最后胜利。

55.

곤란한 일을 만나면,

인내를 갖고 마땅히 정성껏 힘써라.

곤란은 반드시 천천히 극복할 수가 있다.

　-「건국 이래 모택동 문고」, 제6책, 174쪽.

　遇到困难,

　务宜忍耐。

　困难总可以慢慢克服的。

56.

나는 총명과 성실 이 두 가지만으로,
일체의 곤란한 문제를 충분히 해결할 수 있다고 생각한다.
......
총명함은 많이 묻고 많이 생각하는 것을 말하고,
성실이란 실사구시(實事求是)를 말한다.
이를 늘 견지하고(持之以恒)
평소에 행하면(行之有素),
언제나 일을 잘 해낼 수 있다.

　－「모택동 문집」, 제7권, 430쪽.

　　我认为聪明, 老实二义,
　　足以解决一切困难问题。
　　......
　　聪谓多问多思,
　　实谓实事求是。
　　持之以恒,
　　行之有素,
　　总是比较能够做好事情的。

57.

보기에 매우 곤란할 듯하나,
실제상 그저 인내하며 대처하면,
해결하는 게 그리 어렵지는 않다.

- 「건국 이래 모택동 문고」, 제10책, 294쪽.

看起来很困难,
实际上只要认真对待,
并不难解决。

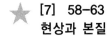
58.

우리들이 어떤 상황을 볼 때는
반드시 그 상황의 실질적인 모습을 보고,
그것의 현상을 사람들의 길잡이라고 간주하여,
문으로 들어가자마자 그것의 실질을 장악하게 된다면,
이것이 바로 믿을 수 있는 과학적 분석방법이다.

– 「모택동 선집」, 제2판, 제1권, 99쪽.

我们看事情必须要看它的实质,
而把它的现象只看作入门的向导,
一进了门就要抓住它的实质,
这才是可靠的科学的分析方法。

59.

느껴졌다고 하는 것일지라도,

우리가 곧바로 그것을 이해할 수는 없는 것이나,

다만 이해한 것은 더욱 깊이 그것을 느끼게는 될 것이다.

감각은 현상문제를 해결할 수 있지만,

이론이 있어야 비로소 본질문제를 해결할 수 있는 것이다.

– 「모택동 선집」, 제2판, 제1권, 286쪽.

感觉到了的东西,

我们不能立刻理解它,

只有理解了的东西才更深刻地感觉它。

感觉只解决现象问题,

理论才解决本质问题。

60.

단지 사물의 외부 표식에만 따르고,

서로 간에 내부적으로 연계된 개념이 없는 것을

산더미처럼 사용하여,

한편의 문장, 한편의 연설,

혹은 하나의 보고로서 배열하는 이런 방법은,

그 스스로 개념을 만드는 유희 같은 짓이다,

또한 사람들 모두에게 이러한 유희를 하게끔 유도할 수도 있으니,

사람들에게 골치 아프게 문제를 생각하지 않게 하고,

사물의 본질을 사고게 하지 않으면,

그저 갑을병정의 현상을 나열하는 것으로서 만족하게 할 것이다.

– 「모택동 선집」, 제2판, 제3권, 839쪽.

　　单单按照事物的外部标志,

　　使用一大堆互相没有内部联系的概念,

　　排列成一篇文章, 一篇演说或一个报告,

　　这种办法, 他自己是在做概念的游戏,

　　也会引导人家都做这类游戏,

　　使人不用脑筋想问题,

　　不去思考事物的本质,

　　而满足于甲乙丙丁的现象罗列。

61.

일체의 사물에는,

그것의 현상과 동일한 그것의 본질 사이에 모순이 있게
마련이다.

사람은 반드시 현상에 대한 분석과 연구를 통해서만,

비로소 사물의 본질을 이해할 수 있으므로,

그렇기 때문에 과학이 있어야 하는 것이다.

그렇지 않고, 직각을 이용해 보는 순간 본질을 찾아낼 수 있다면,

과학이 무엇 때문에 필요하고,

연구가 무엇 때문에 필요하다는 것인가?

　－「모택동 문집」, 제6권, 401쪽.

一切事物,

它的现象同它的本质之间是有矛盾的。

人们必须通过对现象的分析和研究,

才能了解到事物的本质,

因此需要有科学。

不然, 用直觉一看就看出本质来,

还要科学干什么?

还要研究干什么?

62.

다른 사람을 동요시키지 않으려면,
자신이 먼저 동요되지 말아야 한다.
문제의 본질을 보고자 하면,
사물의 주도적인 면, 혹은 주류 방면을 보고자 해야 한다.
그래야만 비로소 동요하지 않게 되는 것이다.

　-「건국 이래 모택동 문고」, 제5책, 229-230쪽.

要別人不动摇,
就要自己首先不动摇。
要看到问题的本质方面,
要看到事物的主导或主流方面,
这样才能不动摇。

63.

문제를 연구한다는 것은,

사람들이 볼 수 있고,

만질 수 있는 현상으로부터 출발하여,

이를 통해 현상 뒤에 숨겨진 본질을 연구해야 하고,

이로부터 객관사물의 본질적 모순을 들춰내야 하는 것이다.

- 『모택동 문집』, 제2판, 제8권, 139쪽.

研究问题,

要从人们看得见,

摸得到的现象出发,

来研究隐藏在现象后面的本质,

从而揭露客观事物的本质的矛盾。

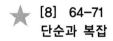

64.

만일 '겉'의 일을 확실하게 하지 않으면,
'속'에 대해서도 또한 확실히 하기가 쉽지 않다.
세계상에는 이쪽 방면이 없으면,
또한 저쪽 방면도 없게 마련이다.
그래서 '고금(古今)'이 있는 것이며,
또한 '속과 겉'이 있는 것이다.

– 「모택동 문집」, 제2권, 406쪽.

如果不把"外"弄清楚，
对于"中"也就不容易弄清楚。
世界上没有这方面，
也就没有那方面。
所以有一个"古今"，
还有一个"中外"。

65.

세계상의 일들은 복잡한데,
이는 각 방면의 요인에 의해서 결정되어 진다.
문제를 볼 때 각 방면에서 보아야지,
단지 한 방면에서만 보아서는 안 되는 것이다.

　－「모택동 선집」, 제2판, 제4권, 1157쪽.

　世界上的事情是复杂的,
　是由各方面的因素决定的。
　看问题要从各方面去看,
　不能只从单方面看。

66.

각종 경험을,

모두 다 흡수해야지,

하나의 규격을 이용해 도처에 있는 것을

하나로 보아서는 안 된다.

  –『모택동 문집』, 제6권, 300쪽.

　　各种经验,

　　都要吸取,

　　不要用一个规格到处套。

67.

진리는 모두가 동일한가 아닌가에 대해서는
문제 삼지 않는다.

　－「건국 이래 모택동 문고」, 제4책, 635쪽.

　真理不在乎是不是清一色。

68.

지식을 찾으려면 각 방면으로 가서 찾아야지,
단지 한 곳으로만 가서 찾는다면,
단조로운 것이 된다.

- 『모택동 문집』, 제7권, 192쪽.

　　找知识要到各方面去找,
　　只到一个地方去找,
　　就单调了。

69.

비교적 감별할 수 있고,
감별할 수 있으면,
투쟁을 할 수 있어야,
비로소 발전할 수가 있다.

-「모택동 문집」, 제7권, 2800쪽.

有比较才能鉴别。
有鉴别,
有斗争,
才能发展。

70.

때에 따라 무엇이든지 두 가지 방법이 있기 때문에,
비교할 수 있는 것이다.

  -『건국 이래 모택동 문고』, 제7책, 17쪽.

  随时都有两种方法可以比较。

71.

일체의 사물은 대립적인 통일이다.
4개의 손끝은 모두가 한쪽을 향하고 있지만,
엄지손가락 하나만은 다른 쪽을 향하고 있는데,
이것을 바로 "합쳐진 것"이라고 하는 것이다.
......
순수하지 않은 것은 절대적이고, 순수한 것은 상대적인 것인데,
이것이 바로 대립적 통일이다.
아침부터 밤까지 24시간을 청소해도
여전히 먼지는 있게 마련이다.

　-『건국 이래 모택동 문고』, 제11책, 86쪽.

　　　一切事物都是对立的统一。
　　　五个指头, 四个指头向一边,
　　　大拇指向另一边, 这才捏得拢。
　　　......
　　　不纯是绝对的, 纯是相对的,
　　　这就是对立的统一。
　　　扫地, 一天到晚扫二十四个钟头,
　　　还是有尘土。

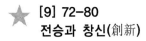
72.

모든 진실된 지식은 직접적인 경험에서 발원한다.
그러나 사람은 모든 일을 직접 경험할 수는 없고,
사실상 다수의 지식은 모두가 간접 경험에 의해 얻어진다.
따라서 모든 지식은 고대적이고 외역적(外域的)인 것이다.

– 『모택동 선집』, 제2판, 제1권, 288쪽.

一切真知都是从直接经验发源的。
但人不能事事直接经验,
事实上多数的知识都是间接经验的东西,
这就是一切古代的和外域的知识。

73.

반고(盤古, 중국에서 천지를 개벽시킨 시조)가 천지를 열고부터

줄곧 지금까지,

이 중간 과정을 '고(古)'라 부르고,

'금(今)'이란 바로 현재를 말한다.

우리가 단순히 현재만을 통하는 것은 충분하지 못한 것이므로,

반드시 과거를 통해야 한다.

– 「모택동 문집」, 제2권, 177쪽.

自盘古开天地,

一直到如今,

这个中间过程就叫"古"。

"今"就是现在。

我们单通现在是不够的,

还须通过去。

74.

제고(提高)되려면 기초가 있어야 한다.
예를 들어 통 안에 있는 물이,
지상으로부터 올라간 것은 아닐 테고,
그렇다고 공중에서 올라간 것일까?

– 『모택동 선집』, 제2판, 제3권, 859쪽.

提高要有一个基础。
比如一桶水,
不是从地上去提高,
难道是从空中去提高吗?

75.

거울로 삼을 것이 있는 것과 없는 것은 다른데,
이 속에는 배움과 야만의 구분,
거친 것과 세밀한 것의 구분,
신속함과 느림의 구분이 있다.
그래서 우리들은 절대로 고대인과 외국인을 계승하는 것과
본보기를 거절해서는 안 되는 것이다……

－「모택동 선집」, 제2판, 제3권, 860쪽.

有这个借鉴和没有这个借鉴是不同的,
这里有文野之分,
粗细之分,
高低之分,
快慢之分。
所以我们决不可拒绝继承和借鉴
古人和外国人……

76.

만일 과거의 일체를 모두 부정해 버리면,
그것은 바로 일종의 편향이다.
우리는 문제에 대해 분석해야 하며,
하나라도 부정해서는 안 된다.

  -「모택동 문집」, 제3권, 94-95쪽.

　　如果把过去一切都否定，
　　那就是一种偏向。
　　我们对问题要分析，
　　不要笼统地一概否定。

77.

미신을 타파하고 배제시켜야 한다.

고대의 것도 좋고,

현대의 것도 좋다고 하는 것은 논하지 말고,

정확한 것이 바로 믿음이고,

정확하지 않은 것이 바로 불신인데,

믿지 않을 뿐만 아니라 거기에 비평까지 해야 한다.

이것이 바로 과학적 태도이다.,

– 『모택동 문집』, 제6권, 330쪽.

要破除迷信。

不论古代的也好,

现代的也好,

正确的就信,

不正确的就不信,

不仅不信而且还要批评。

这才是科学的态度。

78.

역사를 재단해서는 안 된다.

마치 모든 사람들은 하나같이 없는 가운데서 가문을 일으켜
야 한다고

생각하는 듯한데,

이러한 관점은 잘못된 것이다.

– 「모택동 문집」, 제6권, 359쪽.

割断历史是不行的,
好像什么都是我们白手起家,
这种看法是不对的。

79.

미국의 역사는 짧아서,

아마 좋은 점이라면,

기술하는데 부담이 없고,

그렇게 많은 것을 기록하지도 않아도 된다.

우리의 역사는 오래되었고, 좋은 것도 많다.

오랜 전통을 던져버리면,

사람들은 매국이라고 하겠지만,

쪼개려 해도 쪼개지지 않는 것이 역사이므로,

그렇게 할 방법은 없는 것이다.

– 「모택동 문집」, 제7권, 78쪽.

美国历史短,

也许有它的好处,

负担轻, 可以不记这么多东西。

我们历史久, 也有它的好处。

把老传统丢掉,

人家会说是卖国,

要砍也砍不断, 没有办法。

80.

만일 앞날에 대해 전망하고자 하면,
반드시 역사를 보아야 한다.

  – 「모택동 문집」, 제8권, 383쪽.

　　如果要看前途,
　　　一定要看历史。

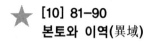

[10] 81-90
본토와 이역(異域)

81.

눈을 아래로 돌리는 흥미와 결심이 없다면,
평생 진정으로 중국의 사정을 알 수는 없을 것이다.

  - 「모택동 선집」, 제2판, 제3권, 189-190쪽.

没有眼睛向下的兴趣和决心,
是一辈子也不会真正懂得
中国的事情的。

82.

우리 중국인은 반드시 우리 자신의 두뇌를 통해서만
사고를 해야 한다.
어떤 것을 결정하더라도
우리 자신의 토양 속에서 자라났기 때문이다.

– 「모택동 문집」, 제3권, 192쪽.

我们中国人必须用我们自己的头脑
进行思考，
并决定什么东西能在我们自己的
土壤里生长起来。

83.

사람들이 말하는 것이 교조적인 것은 아니나,
우리가 읽고 난 후에는 교조적으로 변하므로,
이는 우리가 읽으면서 그 의미가 통하지 않았거나,
읽을 줄 몰랐기 때문이다.
그런 우리가 그들을 책임질 수 있겠는가?

  -「모택동 문집」, 제3권, 418쪽.

人家讲的不是教条,
我们读后变成了教条,
这是因为我们没有读通,
不会读,
我们能责备他们吗?

84.

어떤 사람들은 색깔 있는 금속을 좋아하면서도,
유색인종은 싫어한다.
내가 보기에 유색인종은 유색 금속에 상당하고,
유색 금속은 귀중한 금속이다.
유색 인종도 백색 인종과 마찬가지로 동등한 것이다.

– 『모택동 문집』, 제6권, 480쪽.

有些人喜欢有色金属而不喜欢有色人种。
据我看,
有色人种相当像有色金属,
有色金属是贵重的金属,
有色人种至少与白色人种同等贵重。

85.

우리가 외국의 것을 잘 알려고 하면,

외국 책을 많이 읽어야 한다.

그러나 중국인은 완전히 외국인이 하는 방법으로 일하지 않고,

글쓰기도 번역하는 것처럼 해서는 안 된다.

중국인은 역시 자신의 것을 위주로 해서 해야만 한다.

– 「모택동 문집」, 제7권, 77쪽.

我们要熟悉外国的东西，

读外国书。

但是并不等于中国人要完全照外国

办法办事，

并不等于中国人写东西要像翻译的

一样。

中国人还是要以自己的东西为主。

86.

외국을 배우는 것은,

곧 중국에 대한 믿음이 없음을 의미하므로,

그것은 좋지 않다.

그러나 외국을 배우지 말라는 말은 아니다.

- 「모택동 문집」, 제7권, 81쪽.

学了外国的,

就对中国的没有信心,

那不好。

但不是说不要学外国。

87.

배운다는 것은 기본적인 이론을 가리키는 말이고,
이는 중국이나 외국이나 같은 것이므로,
중국과 서양을 나눠서는 안 되는 것이다.
……
반드시 중국의 기초 위에서,
외국의 것을 흡수해야 하고,
배합시켜야 하며,
유기적으로 결합시켜야 한다.

　－「모택동 문집」, 제7권, 82−83쪽.

"学"是指基本理论,
这是中外一致的,
不应该分中西。
……
应该是在中国的基础上面,
吸取外国的东西。
应该交配起来,
有机地结合。

88.

억지로 하지 말고,

선택해서 배워야 하며,

반드시 유용한 것은 모두 배워야 하고,

쓸데없는 것은 반대로 배워야 하는데,

나를 위주로 해서 배워야지,

맹종해서는 안 된다.

-『건국 이래 모택동 문고』, 제7책, 197쪽.

不是硬搬,

而是有选择的学,

一定要将一切有用东西都学来,

无用的东西则反面学,

以我为主,

不是盲从。

89.

한 시기에는 외국의 것을 베껴야 했지만,
이는 필요한 것이었고,
그러나 베껴야 했던 한 시기 이후에는,
다시 베끼려 하지 말아야 한다.
학생은 학교에서 교육을 받아야 하는데,
이는 교사를 베끼는 것이나,
몇 년 후 졸업한 다음에는 교사처럼 되어야 한다.

　-『모택동 문집』, 제8권, 158쪽.

在一个时期抄外国的,
这是必要的,
抄一个时期之后就不要再抄了。
学生在学校受教育,
就是抄教员的,
几年毕业之后就成了教员。

90.

소련의 경험이 소련의 경험인 것처럼,

그들이 못에 찔린 것은 그들이 못에 찔린 것이고,

우리들 스스로도 못에 찔리는 경험을 가져야 한다.

마치 사람을 해하는 병과 비교할 수 있듯이,

여러 가지 병들은,

자신을 해하는 병에 대해서 면역력이 생기게 되는데,

내가 해를 입은 적이 없다면,

바로 면역력이 없게 되는 것과 같은 것이다.

  – 「모택동 문집」, 제8권, 276쪽.

    苏联的经验是苏联的经验,

    他们碰了钉子是他们碰了钉子,

    我们自己还要碰。

    好比人害病一样,

    有些病他害过就有了免疫力,

    我还没有害过就没有免疫力。

자신을 바르게 하는 법(正己)

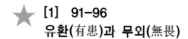

[1] 91-96
유환(有患)과 무외(無畏)

91.

사람은 언젠가는 죽게 마련이지만,
그러나 죽음의 의의는 다르다.
……
인민의 이익을 위해 죽는 것은
태산보다 무거운 것이고,
파시즘을 대체할 정도로 최선을 다하는 것이다.
인민을 압박하고 인민을 압박하는 자를 대신하여 죽는 것은,
기러기 털보다 가벼운 것이다.

– 「모택동 선집」, 제2판, 제3권, 1004쪽.

人总是要死的,
但死的意义有不同。
……
为人民利益而死,
就比泰山还重；
替法西斯卖力,
替剥削人民和压迫人民的人去死,
就比鸿毛还轻。

92.

여러 가지 잘못된 것이 존재하는 것은,

이상한 것이 아니고,

또한 두려워할 필요도 없으며,

이는 사람들로 하여금 그러한 것과 마찬가지로,

투쟁하는 것을 배우게 한다.

큰 바람과 큰 물결 또한 두려운 것은 아니다.

인류사회는 바로 큰 바람 큰 물결 속에서,

발전하게 되는 것이다.

  －「모택동 문집」, 제7권, 280-281쪽.

    某些错误东西的存在是并不奇怪的,

    也是用不着害怕的,

    这可以使人们更好地学会同它作斗争。

    大风大浪也不可怕。

    人类社会就是从大风大浪中发展起来的。

93.

죽음을 말하고, 귀신을 말하는 것은,
곧 죽음을 두려워하지 않는다는 것이고,
귀신을 두려워하지 않는다는 것이다.

- 『건국 이래 모택동 문고』, 제7책, 201쪽.

讲死讲鬼,
就能不怕死了,
就不怕鬼了。

94.

조금도 두려워하지 않는 것은,
우려하는 것이 없고 걱정하는 것이 없다는 것이므로,
진정으로 단순한 님프(樂神, 산천초목의 아름다운 요정)는,
종래부터 없었다.
매 한 사람 한 사람 모두는,
우환을 평생토록 지니고 살아간다.
학생은 시험을 두려워하고
애들은 부모의 편애를 두려워하며,
삼재팔난(三災八難)[2], 오로칠상(五癆七傷)[3]
체온이 41도나 되는 것……

　– 『모택동 문집』, 제7권, 456쪽.

一点不怕, 无忧无虑,　　　　学生们怕考试,
真正单纯的乐神,　　　　　　儿童怕父母有偏爱,
从来没有。　　　　　　　　　三灾八难, 五痨七伤,
每一个人都是忧患与生俱来。　发烧四十一度 ……

---

2) 삼재 : 화재, 수재, 풍재.　팔난 : 지옥난, 축생난, 아귀난, 장수천난, 울단월
난, 농맹음아난, 세지변총, 불전불후난
3) 오로(五勞) : 허로(虛勞)를 다섯 가지로 나눈 것. 즉 심로(心勞), 간로(肝勞), 비
로(脾勞), 신로(腎勞), 폐로(肺勞) 등을 말함.　칠상(七傷) : 음한(陰寒), 음위(陰
痿), 이급(裏急), 정루(精漏), 정소(精少), 정정(精精), 소변수(小便 數, 尿淋症).

95.

귀신을 두려워하면 할수록,
귀신은 더 있게 마련이고,
귀신을 두려워하지 않으면,
귀신은 없게 된다.

　－『건국 이래 모택동 문고』, 제8책, 247쪽.

越怕鬼就越有鬼,
不怕鬼就没有鬼了。

96.

우리가 귀신을 두려워하면 할수록,

귀신은 우리를 좋아하고,

자비심을 발휘하면,

우리를 해하지 않으며,

우리의 사업은 별안간 순리적으로 변하게 되고,

일체가 빛나고 창성하며 유려하게 되는데,

봄이 따뜻하니 꽃이 피는 게 아닌가?

   –『건국 이래 모택동 문고』, 제9책, 426쪽.

难道我们越怕"鬼",

"鬼"就越喜爱我们,

发出慈悲心,

不害我们,

而我们的事业就会忽然变得顺利起来,

一切光昌流丽,

春暖花开了吗?

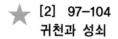
97.

위험한 환경 속에서 절망을 표하는 사람,
암흑 속에서 광명을 보지 못하는 사람은,
오로지 유학에 빠진 자와 기회주의자뿐이다.

- 『모택동 문집』, 제2권, 212쪽.

在危险环境中表示绝望的人,
在黑暗中看不见光明的人,
只是懦夫与机会主义者。

98.

만일 처음에는 좋은 일을 하다가,

후에 나쁜 일을 하게 되면,

이는 견지성 없이 일하는 사람이라고 불리게 될 것이다.

한 사람이 좋은 일을 하는 것은 어렵지 않으나,

어려운 것은 평생 동안 좋은 일을 하는 것인데,

나쁜 일을 하지 않고……

    –「모택동 문집」, 제2권, 261쪽.

    如果开头做点好事,

    后来又做坏事,

    这就叫做没有坚持性。

    一个人做点好事并不难,

    难的是一辈子做好事,

    不做坏事……

99.

세간에 있는 일체의 사물 중에서,
사람이 제일 귀중하다.

– 『모택동 선집』, 제2판, 제4권, 1512쪽.

世间一切事物中，
人是第一个可宝贵的。

100.

자기 스스로 자신의 운명을 걸어가고자 하나,
자기 스스로 자신의 운명을 걸어갈 수는 없다.
그렇게 하는 것은 좋은 것이 아니고,
하루하루를 어렵게 지내게 될 것이다.

– 「모택동 문집」, 제6권, 494쪽.

自己要掌握自己的命运。
自己不能掌握自己的命运,
那是不好的,
每天难过日子。

101.

매 사람마다 하나의 생명이 있어서,

어떤 사람은 60세, 어떤 사람은 70세,

어떤 사람은 80세, 90세까지 사는데,

당신에게는 얼마만큼의 긴 생명이 있는지를 보라.

당신이 오로지 일을 하고자 한다면,

많든 적든 일을 해야 한다.

일을 할 때는 혁명적 열정을 가지고 해야 하고,

목숨을 건 정신을 가지고 해야 한다.

－「모택동 문집」, 제7권, 285쪽.

每一个人有一条生命,

或者六十岁, 或者七十岁,

或者八十宁岁, 九十岁,

看你有多长的命。

只要你还能

工作就多多少少应当工作。

而工作的时候就要有一股革命热情,

就要有一种拚命精神。

102.

우리들의 동지는 자격에 의지하여 밥을 먹지 말아야 하고,
문제를 해결하는 것에 의지하여
정확하게 밥을 먹도록 해야 한다.
정확한 것에 의지해야지,
가격에 의지해서는 안 된다.

– 「모택동 문집」, 제7권, 287쪽.

我们的同志不要靠老资格吃饭,
要靠解决问题正确吃饭。
靠正确,
不靠资格。

103.

한사람이,

만일 움직이지 않고,

오로지 잘 먹고,

잘 입고,

좋은 곳에 살고,

문을 나설 때 차만 타고 걸으려 하지 않으면,

곧 많은 병이 날 것이다.

－「건국 이래 모택동 문고」, 제11책, 124쪽.

一个人,

如果不动动,

只是吃得好,

穿得好,

住得好,

出门乘车不走路,

就会多生病。

104.

가장 총명하고,

가장 재능이 있는 사람은,

가장 실천 경험이 많은 전사이다.

 −「건국 이래 모택동 문고」, 제12책, 386쪽.

最聪明,

最有才能的,

是最有实践经验的战士。

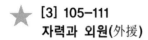
105.

외부의 원조가 오는 것은,
우리들에게 매우 필요한 것이고,
또한 많으면 많을수록 좋은 것이지만,
설사 어떤 외부에서의 지원이 없게 되더라도,
우리들은 또한 능히 잘 대처할 수 있을 것이다.

– 『모택동 문집』, 제1권, 404쪽.

至于外援,
我们非常需要,
而且越多越好,
但是即使没有任何外援,
我们也能对付得很好。

106.

우리들의 방침은 어떤 기준점 위에 놓아야 할까?
자신 역량의 기준점 위에다 놓는다면,
자력으로 갱생할 수 있을 것이다.

– 「모택동 선집」, 제2판, 제4권, 1132쪽.

我们的方针要放在什么基点上?
放在自己力量的基点上,
叫做自力更生。

107.

평화는 반드시 얻어내야 하고 능히 얻어낼 수 있으나,
그러나 중요한 것은,
자신의 힘에 의지해야지 외부의 힘에 의뢰해서는 안 된다.
오로지 자력갱생, 자립자강을 해야 하고,
스스로에게 방법이 있어야 하며,
자신은 불패의 곳에서 일어서야 한다.
그런 후 국제와 국내 각 방면에서
나의 역량이 도움을 받는다면,
모름지기 작용을 일으킬 수가 있고,
비로소 이런 곳에 의지하여 평화를 얻을 수 있는 것이며,
그렇지 않으면 의지할 수가 없어서 위험하게 되는 것이다.

- 『모택동 문집』, 제4권, 152쪽.

和平是必须取得与能够取得的,
但主要应依赖自力而不应依赖外力。
只有自力更生, 自立自强,
自己有办法, 自己立于不败之地,
然后国际与国内各方助我力量,
方能发生作用,
才是可靠地取得和平,
否则就是不可靠的, 是危险的。

108.

'옛다' 하고 던져주는 음식을,
먹으면 배가 아프게 마련이다.

　－『모택동 선집』, 제2판, 제4권, 495쪽.

嗟来之食,
吃下去肚子要痛的。

109.

대외 원조를 쟁취하려면,
어느 것을 위주로 해야 하는지를,
생각해야 한다.
자력갱생이 좋은 방법인데,
이를 주동적으로 해야 한다.

－『모택동 문집』, 제8권, 158쪽.

对外援要争取,
但哪个为主,
要考虑。
自力更生好办事,
主动。

110.

소련은 전문가들을 쫓아 보낸 지,

현재까지 이미 3년이 지났지만,

우리들의 공업 건설은,

우리들 스스로의 수많은 경험에 의해 이루어냈다.

선생이 떠나면, 학생들 스스로 배워야 한다.

선생이 있으면 좋은 것도 있지만, 또한 나쁜 점도 있다.

선생을 원하지 않고, 스스로 공부하며,

스스로 글을 쓰고, 스스로 문제를 생각하자.

   – 「모택동 문집」, 제8권, 338쪽.

苏联撤走专家,

到现在已经三年了,

我们的工业建设搞出了许多自己的经验。

离开了先生, 学生就自己学。

有先生有好处, 也有坏处。

不要先生, 自己读书,

自己写字, 自己想问题。

111.

물질적 원조가,
손에 들어오면,
그 효과를 보고,
비로소 계산을 하자.

　－「건국 이래 모택동 문고」, 제13책, 106쪽.

物质援助,
要到了手,
见了效,
那才算数。

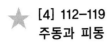

112.

동지들은 모두 도리를 알도록 해야 하는데,
이것이 바로 세계상이라는 것으로,
여러분들은 그것을 옮기려 하지 말라,
그것은 움직이지 않기 때문이다.
예를 들면, 이 탁자를
내가 옮기지 않으면,
이 탁자는 가지 않을 것이고,
이 차 주전자를 내가 들지 않으면,
이 차 주전자는 들어지지 않는 것이다.

– 『모택동 문집』, 제3권, 250쪽.

同志们都要懂得一个道理,
这就是世界上的东西,
你不去搬它, 它就不动。
比如这张桌子,
我不搬它,
它不走,
这把茶壶我不拿它,
它不起来。

113.

만일 누군가가 그는 분석할 수 없는 자라고 생각한다면,
그는 스스로 비평할 수 있는 정신적 준비가 안 돼 있다는 것
을 말한다.
많은 동지들은 이런 준비가 되어 있지 않기 때문에,
언제나 피동적이 되는 것이다.

  -「건국 이래 모택동 문고」, 제1책, 255쪽.

如果有人认为他是不能分析的,
那他就没有作自我批评的精神准备。
许多同志因为没有这种准备,
毫无主动性,
经常是被动的。

114.

자신이 영도하는 가운데의 결점을 여러 사람에게 공개하려면,

여러 사람으로 하여금 와서 참관토록 하라…….

내가 여러분들의 장군임을 제창하면서,

여러 일들이 우리를 압박하지 않으면 해내지 못하게 된다.

　－『모택동 문집』, 제3권, 351쪽.

要把自己领导工作中的缺点向大家公开，

让大家来参观

……

我提倡人家将军，

有些事不逼我们就做不出来。

115.

무릇 반동이라는 것은,

당신이 공격하지 않으면,

그가 넘어지지 않는 것과 같은 것이다.

이는 청소하는 것과 같은 것으로,

청소해 내지 못하면,

먼지는 관례에 따라 스스로 털어지지 않는다.

　-『모택동 선집』, 제2판, 제6권, 630쪽.

凡是反动的东西,

你不打,

他就不倒。

这也和扫地一样,

扫帚不到,

灰尘照例不会自己跑掉。

116.

세계에서 두려운 것은 바로 "성실"이라는 두 글자인데,
공산당은 바로 이 "성실"이라는 말을 가장 잘한다.

  -『건국 이래 모택동 문고』, 제6책, 651쪽.

世界上怕就怕"认真"二字,
共产党就最讲"认真"。

117.

기(氣)를 돋구어 줘야하고 빼내서는 안 된다.

사람이 기가 없으면,

그 할 바를 모른다.

–「건국 이래 모택동 문고」, 제8책, 379쪽.

气可鼓而不可泄。

人而无气,

不知其可也。

118.

문제를 해결하지 못했으면,

그냥 놔둔 채로 관여하지 않으면 안 되고,

말을 해야 하며,

해결하지 않았으면 바로 해결하지 못하는 것이 되어,

현재도 여전히 해결하지 못하게 되는 것이다.

   – 『모택동 문집』, 제8권, 277쪽.

    问题没有解决就不要放着不管,

    就要讲,

    没有解决就是没有解决,

    现在还是没有解决嘛！

119.

미래는 언제나 밝다.
그러나 투쟁을 통해야 한다.

  -『건국 이래 모택동 문고』, 제13책, 418쪽.

　　未来总是光明的。
　　要经过斗争。

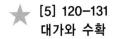
120.

자기가 정확하다고 하는 것은 그것을 더욱 확대시키고,
정확하지 않은 것은 깨끗이 지워버리거나 취소시켜야 한다.

– 『모택동 문집』, 제2권, 418쪽.

自己正确的东西便把它扩大,
不正确的东西便把它清除, 取消。

121.

결점이 있으면 공개적으로 결점을 말해야 하고,
착오가 있으면 곧 공개적으로 착오를 말해야 한다.
한번 고친 후에,
결점은 다시 결점이 될 수 없고,
착오도 또한 곧바로 정확해지게 된다.

- 「모택동 문집」, 제3권, 139쪽.

有缺点就公开讲出是缺点,
有错误就公开讲出是错误,
一经纠正之后,
缺点就再不是缺点,
错误也就变成正确了。

122.

착오를 범한 본신에는 두 가지 면이 있다.
첫째는 착오를 범하는 것이 나쁘다는 것이고,
둘째는 착오를 범한 후에,
또한 경험으로 변하게 된다는 것이다.

– 「모택동 문집」, 제3권, 263쪽.

犯错误本身有两个方面：
第一是犯了错误，不好。
第二是犯了错误之后又会变成经验
......

123.

우리들은 수많은 굽은 길을 걸어왔다.
그러나 착오는 언제나 정확한 길잡이를 해주었다.

- 『모택동 선집』, 제2판, 제3권, 803쪽.

我们走过了许多弯路。
但是错误常常是正确的先导。

124.

싸움에서 지는 것은 우리가 두려워하지 않으나,

싸움에서 지지 않으려면,

우리는 싸우는 방법이 어떤 것인지를 몰라야 한다.

– 「모택동 문집」, 제4권, 326쪽.

打败仗我们不怕,

不打败仗我们就不知道仗应该是如何打法。

125.

막 감기가 지나가면 면역이 생기는 것처럼,
착오를 범한 적이 있는 사람은,
단지 착오 속에서 좋은 교훈을 얻으려 해야 하고,
또한 착오를 범하더라도 줄일 수 있는 것이다.

　-「모택동 문집」, 제7권, 40쪽.

正如得过伤寒病的可以免疫一样,
犯过错误的人,
只要善于从错误中取得教训,
也可以少犯错误。

126.

실패가 만일 좋은 점이 없다면,
왜 성공의 어머니하고 하겠는가?
잘못을 많이 저지르면,
반드시 반대가 되어 돌아온다.

– 『모택동 문집』, 제7권, 136쪽.

失败如果没有什么好处,
为什么是成功之母?
错误犯得太多了,
一定要反过来。

127.

문제가 있더라도 나타내지 않으면 안 되는데,
나타내면 반대로 좋아지고,
곪은 데가 있으면 반드시 고름을 짜내야 한다.

- 「모택동 문집」, 제7권, 176쪽.

既然有问题就不能不出,
出了反而好,
有脓包总要出脓。

128.

여러 가지 경험은 고통 가운데서 얻어지는 것이다.

이들 고통은 우리를 교육시킨다.

우리는 이들 고통에 대해 화를 내지 말아야 한다.

반대로 우리는 이들 고통에 대해 감사해야 한다.

왜냐하면 그런 고통들이 우리의 머리를 움직이게 하기 때문이다.

생각해 보라, 노력은 이들 고통을 피하게 해준다.

과연 우리들은 이들 고통들로부터 벗어날 수가 있었다.

그렇지 않은가?

－「건국 이래 모택동 문고」, 제6책, 630쪽.

有些经验是从痛苦中得来的。

这些痛苦教育了我们。

我们不要对于这些痛苦生气。

相反, 我们要感谢这些痛苦。

因为它使我们开动脑筋,

想一想, 努力去避免那些痛苦。

果然, 我们就避免了那些痛苦。

是不是呢?

129.

잘못은 사람들로 하여금 재수 없게 하고,
사람들로 하여금 조급하게 하는,
적과 같은 것이다.
그러나 동시에 우리들에게 아주 좋은 선생님이기도 하다.

－『건국 이래 모택동 문고』, 제9책, 559쪽.

错误使人倒霉,
使人着急,
是个敌人,
同时是我们很好的教员。

130.

착오는 사람들의 머리를 깨끗하게 일깨우는데 도움을 줄
수 있다.

– 『모택동 선집』, 제2판, 제8권, 387쪽.

错误能帮助人头脑清醒。

131.

잘못을 저지르면 반드시 고쳐야 한다.

만일 고치지 않으면,

점점 더 함정에 빠지게 되고 점점 더 깊어진다.

결과적으로 고쳐진다 해도,

위신을 잃은 손실은 대단히 크다.

그렇더라도 빨리 고친다면,

위신은 이전보다 훨씬 높이질 것이다.

　-「건국 이래 모택동　문고」, 제12책, 347쪽.

凡犯了错误的必须坚决改正。

如不改正,

越陷越深,

到头来还得改正,

威信损失就太大了。

及早改正,

威信只会比前更高。

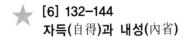
132.

어떤 한 시기 사람들의 오만스런 태도에 불만이 있는 사람은,

다른 시기 그는 또한 오만한 태도로써 사람들에게 대할 것이다.

실패할 때 쉽게 삼가 조심하는 태도로 변하면,

성공했을 때는 쉽게 교만 방종하는 태도로 변할 것이다.

– 「모택동 문집」, 제1권, 509쪽.

在某一时期他不满意人家的高慢态度,
在另一时期他又以高慢态度对付人家了；
在失败时容易变得谨慎小心,
在成功时容易变得骄傲放纵。

133.

사람들이 당신을 치켜세워 당신에게 호의를 베풀면,
이는 좋은 일로,
당신이 위로 나아가는 것을 격려하는 일일 수가 있다.
그러나 마찬가지로 나쁜 점도 있으니,
바로 자만하는 마음이 쉽게 커질 수 있다는 것으로,
자만하여 자신의 처지를 잊게 된다는 말이다.
실제 상황을 답사해야 한다는 것을 모르면,
실사구시(사실에 바탕을 두어 진리를 탐구함)하는 일이
위험해진다.

－「모택동 문집」, 제2권, 327쪽.

人家恭维你抬举你,
这有一样好处,
就是鼓励你上进;
但有一样坏处,
就是易长自满之气,
得意忘形,
有不知脚踏实地,
实事求是的危险。

134.

공로를 보자기에 싸서 등 뒤에 짊어지는 것으로
변하게 하지 마라,
일체 모두 소용없는 짓이니,
이렇게 하는 것은,
공로를 그저 일종의 아주 무거운 부담으로
변하게 할 수 있는 것이다.

- 『모택동 문집』, 제2권, 416쪽.

不要把功劳变成一个包袱背在背上,
一切都不在乎,
这样,
只会把功劳变成一种很重的负担。

135.

항상 자신의 결점을 생각하고자 하면,

착오가 있어도,

부족함이 있어도,

그렇게 해야지 비로소 앞으로 나아갈 수 있는 것이다.

– 『모택동 문집』, 제3권, 74쪽.

要经常想到自己有缺点,

有错误,

有不足,

这样才能有进步。

136.

우리는 반드시 스스로 만족함을 억제하고,
때때로 자신의 결점을 비평하며,
마치 우리가 깨끗해지기 위해,
먼지를 털어내기 위해,
매일 세수를 하는 것처럼,
매일 소지하는 것처럼 해야 한다.

    – 『모택동 선집』, 제2판, 제3권, 935쪽.

我们应该抑制自满,
时时批评自己的缺点,
好像我们为了清洁。
为了去掉灰尘,
天天要洗脸,
天天要扫地一样。

137.

우리의 역사에서도 이런 교훈이 있는데,
바로 크게 얻지 못하고, 작은 것으로 흡족해 한다.
아무런 일이 없으면, 크게 부풀어 올라,
뇌 가죽이 크게 팽창하여, 교만해지고,
심리적으로도 매우 조급해진다.
조급함과 교만함이 함께 이어지면,
교만은 곧 조급해지게 되는데,
조급해진 사람이라고 해서 교만하지 않다는 것은 아니고,
삼가지 못하게 되고, 대충적이 되는 것이다.

– 『모택동 문집』, 제3권, 295쪽.

在我们的历史上也有这样的教训,
就是大不得, 小了就舒舒服服,
没有事情, 一大就胀起来了,
脑壳胀得很大, 骄傲起来了,
心里也躁了. 躁得很。
急躁和骄傲是连在一起的,
骄傲就要急躁,
急躁的人没有不是骄傲的,
不谨慎的, 粗枝大叶的。

138.

아무런 확신 없이 당신이 아주 기뻐하며 만족하여 말하길,
"나는 넘어진 적이 없었다"고 했을 때,
묘하게도 넘어지거나,
차가 전복된다.
과거에 넘어졌던 사람은,
언제나 비교적 여러 가지로 온정적인데…….

– 『모택동 문집』, 제3권, 370쪽.

说不定正是你高兴自满地说
"我就没有跌过跤呀"的时候,
恰好跌了跤,
翻了车。
过去跌过跤的人,
往往比较稳一些……。

139.

큰 잘못을 저지른 적이 없고,
업무상에서 큰 성적을 거두었다고 해도,
또한 교만해서는 안 된다.

－「모택동 선집」, 제2판, 제4권, 1443쪽.

就是没有犯过大错误,
而且工作有了很大成绩的人,
也不要骄傲。

140.

50년 후의 모습도

또한 현재처럼 겸허해야 한다.

만일 그때 교만해진다면,

사람들이 업신여길 것이므로,

그렇게 되는 것은 좋은 일이 아니다.

– 「모택동 문집」, 제6권, 329쪽.

就是到五十年后像个样子了,

也要和现在一样谦虚。

如果到那时候骄傲了,

看人家不起了,

那就不好。

141.

당신이 없으면,

지구는 돌아가지 않는가?

지구는 여전히 예전처럼 돌 것이고,

사업도 역시 예전대로 진행될 것이며,

아마도 더 잘 진행될지도 모른다.

- 「모택동 문집」, 제6권, 402쪽.

没有你,

地球就不转了吗?

地球还是照样地转,

事业还是照样地进行,

也许还要进行得好些。

142.

겸허=진실

　－「건국 이래 모택동 문고」, 제7책, 195쪽.

　　谦虚＝实际。

143.

원하지 않던 어떤 생각이 문득 떠오를 때는,
너무 흥분하여 모든 것을 잊어버릴 수가 있다.

　-『건국 이래 모택동 문고』, 제13책, 40쪽.

　　不要心血来潮的时候,
　　就忘乎所以。

144.

교만하지 말라,

교만하자마자 곧 잘못을 저지르게 된다.

- 「건국 이래 모택동 문고」, 제13책, 247쪽.

不能骄傲,

一骄傲就犯错误。

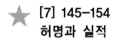

145.

지식의 문제는 하나의 과학문제로서,
허위와 교만은 조금도 해서는 안 되며,
결정적으로 필요한 것은 거꾸로 그 반대인
- 성실과 겸손한 태도이다.

– 「모택동 선집」, 제2판, 제1권, 287쪽.

知识的问题是一个科学问题,
来不得半点的虚伪和骄傲,
决定地需要的倒是其反面
—诚实和谦逊的态度。

146.

모든 교활한 사람은,

과학적 태도에 따라서 일하는 사람이 아니라,

스스로 계책을 얻었다고 하며,

스스로 매우 총명하다고 생각하나,

사실은 모두 가장 바보들이고,

모두가 좋은 결과는 없는 것이다.

- 「모택동 선집」, 제2판, 제3권, 822쪽.

一切狡猾的人,

不照科学态度办事的人,

自以为得计,

自以为很聪明,

其实都是最蠢的,

都是没有好结果的。

147.

만일 당신과 함께 말한 사람이 오로지 성적만을 말하고,
착오와 결점을 말하지 않았다면,
그들은 현실적이고 진실한 상황을 반영하지 않은 것이다.
경험이 많은 사람들은 그러한 것들을 믿지 않는다.

－「모택동 문집」, 제7권, 69쪽.

如果同你谈的人只谈成绩,
不谈错误和缺点,
那末他们就没有反映现实的真实情况。
经验多一些的人是不会相信这些的。

148.

전적을 허위로 보고하는 것은,

허세로서,

백성들에게 잘 보이려 하는 것이나,

적들이 보기에는 웃기는 것으로,

속일 수 없는 것이다.

– 「모택동 문집」, 제7권, 448쪽.

虚报战绩,

以壮声势,

老百姓看了舒服,

敌人看了好笑,

欺骗不了的。

149.

성실하고자 하면,
거짓된 짓을 하지마라.
본래 안 되는 일을 하는 것은,
사람들이 욕을 하게 되고,
얼굴이 무표정한 것은,
또한 중요하지 않다.
헛된 논쟁은 하지 말라.

– 『모택동 선집』, 제2판, 제7권, 446쪽.

要老老实实,
不要作假。
本来不行,
就让人家骂,
脸上无光,
也不要紧。
不要去争虚荣。

150.

당신이 만약 말을 귀신 같이 한다면,
사람들이 당신을 믿지 않을 것이다.
왜냐하면 사실에 부합하지 않기 때문이다.

- 『모택동 문집』, 제8권, 216쪽.

　你如果讲得神乎其神，
　人家就不相信你，
　因为不合乎事实。

151.

나는 우리들이 몇 년간 매우 꾸물대며 일을 했다고 본다.

그래서 다시 말한다.

금년,

내년,

후년에는 좀 더 착실하게 일해야 한다.

허명을 도모하여 화를 부르지 말도록 해야 한다.

- 「모택동 문집」, 제8권, 236-237쪽.

我看我们搞几年慢腾腾的,

然后再说。

今年,

明年,

后年搞扎实一点。

不要图虚名而招实祸。

152.

권위 혹은 위신은 오로지 투쟁을 실천하는 중에
자연적으로 건립되는 것이고,
인위적으로 건립되는 것이 아니기에,
이렇게 건립된 위신은 필연적으로 무너지고 만다.

　－『건국 이래 모택동 문고』, 제12책, 455쪽.

　权威或威信只能从斗争实践中
　自然地建立,
　不能由人工去建立,
　这样建立的威信必然会垮下来。

153.

하나의 경향은 다른 하나의 경향을 덮어버린다.

- 「건국 이래 모택동 문고」, 제13책, 144쪽.

一个倾向掩盖着另一个倾向。

154.

좀 진보했다고 말하면,
나는 찬성은 하겠지만,
"아주 대단하다"고는 말할 수가 없다.
언제나 삼가고 신중해야 한다.

－『건국 이래 모택동 문고』, 제13책, 165쪽.

说有所进步，
我赞成；
"很大的"，
不能讲。
要谨慎。

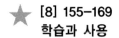

155.

저들 사용할 수 있는 것들은 받아들이고,
저들 쓸모없는 것들은 거절해야 하며,
저들 나름대로의 특징이 있는 것들은 늘려야 한다.

– 『모택동 선집』, 제2판, 제1권, 181쪽.

吸收那些用得着的东西,
拒绝那些用不着的东西,
增加那些自己所特有的东西。

156.

독서란 학습을 말하는 것이고,
사용하는 것 또한 학습이고,
더욱 중요한 것은 많이 듣는 것이다.

– 『모택동 문집』, 제2판, 제1권, 181쪽.

读书是学习,
使用也是学习,
而且是更重要的学习。

157.

우리의 대오 속 주변에는 일종의 공황이 있는데,
이는 경제적 공황도 아니고, 또한 정치적 공황도 아닌,
바로 근본적인 공황이다.
과거에 배운 본질적인 것은 그저 조금밖에 없는데,
오늘날 어느 정도 사용하고 있고,
내일도 어느 정도 사용할 것이기에
점점 비워지게 될 것임을 알려줘야 한다.
......

일을 잘 하고자 하면
반드시 그들의 지식을 증강시켜 주어야 할 것이다.

– 「모택동 문집」, 제2권, 178쪽.

我们队伍里边有一种恐慌,
不是经济恐慌, 也不是政治恐慌,
而是本领恐慌。
过去学的本领只有一点点,
今天用一些, 明天用一些,
渐渐告罄了。
......
要工作做得好,
一定要增加他们的知识。

158.

일하는 것을 두 방면으로 나누어,

하나는 위쪽으로, 하나는 아래쪽으로 향하게 하여,

머리를 쓰게 하면,

반드시 두 시간 내에 배울 수 있을 것이다.

– 『모택동 문집』, 제2권, 181쪽.

把工作向两方面挤一挤,

一个往上一个往下,

一定可以挤出两小时来学习的。

159.

학습의 최대 적은 가장 '끝'까지 이르지 못하는 것이다.
스스로 어느 정도 이해하는 것으로써,
만족한다면,
두 번 다시 배울 생각을 안 하는 게 좋다.

　－「모택동 문집」, 제2권, 184쪽.

　学习的最大敌人是不到"底"。
　自己懂了一点,
　就以为满足了,
　不要再学习了⋯⋯.

160.

일하는데 경험이 있는 사람은,

이론 방면에 대한 학습을 해야 하고,

그러려면 열심히 책을 읽어야 한다.

그런 후에야 비로소 경험에 조리성, 종합성이 따르게 되며,

이것이 상승하여 이론으로 되는데,

그런 후에야 비로소 국부적 경험으로 오인 받게 되지 않
으니,

곧 보편적 진리가 되어,

경험주의적 착오를 범하지 않을 수 있게 된다.

  - 『모택동 선집』, 제2판, 제3권, 818-819쪽.

有工作经验的人,

要向理论方面学习,

要认真读书,

然后才可以使经验带上条理性, 综合性,

上升成为理论,

然后才可以不把局部经验误认为

即是普遍真理,

才可不犯经验主义的错误。

161.

알지 못했던 것을 알게 되도록 하려면,
곧바로 가서 해 보고, 직접 보도록 해야 하는데,
이것이 곧 학습이다.

− 「모택동 선집」, 제2판, 제4권, 1320쪽.

要使不懂得变成懂得，
就要去做去看，
这就是学习。

162.

다른 사람의 경험을 자기의 것으로 만들어 버리면,
그의 능력(本領)은 바로 큰 것이다.

- 『모택동 선집』, 제2판, 제4권, 1320쪽.

把别人的经验变成自己的,
他的本领就大了。

163.

공경한 마음으로 배우고,
성실하게 배우며
알지 못하는 것은 알지 못한다고 해야지,
아는 것처럼 하지 말아야 한다.
......
파고들기를, 일 개월,
일년 이년, 삼년 오년 하게 되면,
마침내 배우게 된다.

    －『모택동 선집』, 제2판, 제4권, 1481쪽.

    恭恭敬敬地学,
    老老实实地学。
    不懂就是不懂,
    不要装懂。
    ......
    钻进去, 几个月,
    一年两年, 三年五年,
    总可以学会的。

164.

상황은 계속해서 변하므로,
자신의 사상으로 하여금,
새로운 상황에 적응시키려고 하면,
배워야 한다.

— 『모택동 문집』, 제7권, 271쪽.

情况是在不断地变化,
要使自己的思想适应新的情况,
就得学习。

165.

천천히 읽다 보면,
흥미를 유발하고,
마치 사탕수수를 거꾸로 먹는 것처럼
점입가경이 되어,
곧 좋은 결과를 가져오게 된다.

　-「건국 이래 모택동 문고」, 제6책, 558쪽.

慢慢读一点,
引起兴趣,
如倒啖蔗,
渐入佳境,
就好了。

166.

오로지 방향만 맞으면,

학문은 서서히 쌓이게 된다.

- 『건국 이래 모택동 문고』, 제7책, 118쪽.

只要方向对,

学问是可以逐步积累的。

167.

책을 가까이 하고 가볍게 읽어야 하며,
가볍게 읽는 것으로부터 깊이 있게 들어가면,
점차 서서히 쌓이게 된다.
대부분 처음 대하는 책은 조금씩 읽고,
8년 10년 동안 서서히 많이 읽게 되면,
학문은 반드시 통할 수 있게 된다.

– 「건국 이래 모택동 문고」, 제8책, 637쪽.

要读浅近书,
由浅入深,
慢慢积累。
大部头书少读一点,
十年八年渐渐多读,
学问就一定可以搞通了。

168.

너무 많이 읽으면,

소화할 수가 없어,

부정적으로 나아갈 수가 있게 되니…….

　–『건국 이래 모택동 문고』, 제11책, 제23쪽.

　　读多了,

　　又不能消化,

　　也可能走向反面…….

169.

처음부터 철학사를 강독한다는 것은,
정말 대단한 일이지만,
오늘 내가 해야 할 일을 어찌 할 것인가?
하지만 실은 시간은 언제나 있게 마련이다.
당신이 조금도 읽지 않는다면,
당신은 아무것도 모르게 된다.

－「건국 이래 모택동 문고」, 제13책, 126쪽.

一讲读哲学史,
那可不得了呀,
我今天工作怎么办?
其实是有时间的。
你不读点,
你就不晓得。

사람 대하는 법(待人)

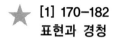
170.

실패는 확실히 성공의 어머니다.

그러나 허심탄회하게 다른 사람의 경험을 받아들이는 것이

필수적인 일인데,

그럼에도 만일 각자가 스스로 경험하기를 기다리만 하거나,

그렇지 않고 자신의 견해만 고집하고 받아들이기를 거부

한다면

이것이야말로 "협애경험론(협소한 체험론)"이다.

– 『모택동 선집』, 제2판, 제1권, 213-214쪽.

失败确是成功之母。

但是虚心接受别人的经验也属必需,

如果样样要待自己经验,

否则固执己见拒不接受,

这就是十足的"狭隘经验论"。

171.

다른 사람의 말을 들을 때는 주의해야만 하는데,

이는 바로 언제나 창을 열고

신선한 해를 들어오게 해야 하는 방과 같은 것이다.

왜 우리에게는 신선한 공기가 부족할까?

이상한 공기는 우리를 이상하게 만들지 않는가?

공기는 언제나 유동하는 것으로,

우리가 창문을 열지 않으면,

신선한 공기는 부족하게 되므로,

우리의 창문을 열어,

공기를 방안으로 들어오게 해야 한다.

- 「모택동 문집」, 제3권, 339~340쪽.

要注意听人家的话,
就是要像房子一样,
经常打开窗户让新鲜空气进来。
为什么我们的新鲜空气不够?
是怪空气还是怪我们?

空气是经常流动的,
我们没有打开窗户,
新鲜空气就不够,
打开了我们的窗户,
空气便会进房子里来。

172.

의견 교환과 일하는 분위기를 바꾸고자 한다면,

내가 일반적인 일도 할 수 없을 때는,

동지들에게 다가가서 물었고,

나이 많은 백성에게 가서도 물었다.

전쟁 또한 그렇다.

우리는 동지들과 의견교환을 잘 하도록 해야 한다.

　－「모택동 선집」, 제2판, 제3권, 398쪽.

　要造成交换意见的空气和作风。

　我这个人凡事没有办法的时候，

　就去问同志们，

　问老百姓。

　打仗也是这样。

　我们要善于跟同志们交谈。

173.

문제가 있으면 회의를 열어,

책상 위에 올려놓고 토론해야 하고,

토론 상 몇 가지 조항을 규정하게 되면,

문제는 곧 해결된다.

문제가 있는데 책상 위에다 올려놓지 않으면,

오래도록 해결할 수 없고,

심지어 몇 년을 넘길 수도 있다.

– 「모택동 선집」, 제2판, 제4권, 1440-1441쪽.

有了问题就开会,

摆到桌面上来讨论,

规定它几条,

问题就解决了。

有问题而不摆到桌面上来,

就会长期不得解决,

甚至一拖几年。

174.

서로 간에 사상이 통하면,

일하는 것이 매우 빠르다.,

동의하지 않는 것은 먼저 하지 않아야 하고,

설사 동의한다고 해도,

심리적으로 원하는 건지 입으로만 원하는 건지를 보고,

만약 억지로 하는 것이라면 천천히 하라.

  -「모택동 문집」, 제6권, 15쪽.

互相打通思想,

这样做事快得多。

不同意的先不要办,

即使同意,

也要看是心里愿意还是嘴上愿意,

若勉强就缓办。

175.

할 수 있으면 바로 하고,

할 수 없으면 조금 기다리자.

능히 할 수 있는 것은,

대다수 사람들이 동의하는 것이기에,

하지 않는 것 또한 좋지 않다.

할 수 있는 것은 좀 천천히 해서,

여러 사람들이 모두 즐거워해야 하는데,

이와 반대로 하는 것은 너무 빠르다

　-「건국 이래 모택동 문고」, 제4책, 369쪽.

可做就做,

不可做就等一等；

能做的,

大多数人同意了的,

不做也不好。

可以做得慢一些,

让大家都高兴,

这样反而就快了。

176.

무릇 중요한 문제는 자세히 구하려 하지 말라.
의견 구하기를 싫어하지 않는다면,
언제나 좋은 점이 있다.

　－「건국 이래 모택동 문고」, 제5책, 136쪽.

　　凡重要问题不厌求详地征求意见,
　　总是有好处的。

177.

자기와 다른 의견을 들었다고 화내지 말고,
자기를 존중하지 않는 것이라고 생각하라.
이는 평등한 태도로 사람을 대하는 조건의 하나이다.

  - 「모택동 문집」, 제7권, 355쪽.

  不要一听到和自己不同的意见
  就生气,
  认为是不尊重自己。
  这是以平等态度待人的条件之一。

178.

피차간에 공동적인 언어가 있기를 원하면,
반드시 먼저 필요한 공동의 정보지식이 있어야 한다.

　-「모택동 문집」, 제7권, 357쪽.

要彼此有共同的语言,
必须先有必要的共同的情报知识。

179.

정확한 관점과 정확한 사상이 있어야 하고,
또한 비교적 합당한 전달방식이 있어야,
다른 사람에게 알릴 수 있다.

  -「모택동 문집」, 제7권, 358쪽.

  有了正确的观点和正确的思想，
  还要有比较恰当的表达方式
  告诉别人。

180.

언제나 몇 가지 문제를 마음속에 두고 생각하고 있다가,
동조하는 몇몇 사람이 있어 여기저기에 말하게 하는 것은,
하나의 중요한 방법이다.

 -『건국 이래 모택동 문고』, 제7책, 10쪽.

经常把几个问题放在心里想一想,
同少数人吹一吹,
这是一个重要方法。

181.

면전에서는 아무 말도 못하고, 뒤에서 투덜거리는 것은,
가장 나쁘다.
첨예한 태도와 부드러운 태도는,
모두 좋은 것으로,
문제와 상황의 다름에 의거하여 정할 수 있다.
……
할 말이 있어도 말하지 않는 것은 상당히 위험한 일이다.
응당 말할 시기를 택하는 것은 옳은 일이다.

　－「건국 이래 모택동 문고」, 제7책, 116쪽.

当面不说, 背后咕哝,
最不好。
尖锐的态度, 委婉的态度,
都好,
依问题和情况不同而定。
……
有话不说, 则相当危险。
应当选择说话的时机, 是对的。

182.

억지로 동의케 하지 마라.
옳은 것은 옳은 것이고,
아닌 것은 아닌 것이며,
실제로써 할 수 있는지를 알려줘야 한다.

　-「건국 이래 모택동 문고」, 제7책, 417쪽.

不要勉强同意。
是则是,
非则非,
以实际可行者见告。

[2] 183-193
진언(윗사람에게 자신의 의견을 말하는 것)과
개과(잘못을 뉘우치고 고침)

183.

정확한 비평은,

반드시 받아들여야 하고,

설사 그 비평이 정확하지 않더라도,

또한 반드시 그 비평이 끝날 때까지 들으면서,

신중하게 고려한 후,

공평하고 선의적인 해석을 가해야 한다.

– 『모택동 문집』, 제2권, 397쪽.

正确的批评,

应加接受,

即使其批评有不确当者,

亦只可在其批评完毕,

并经过慎重考虑之后,

加以公平的与善意的解释。

184.

비평은 반드시 엄정하게, 그리고 첨예하게 해야 하나,

또한 반드시 성실하고 간절하게, 그리고 담백하게 하여,

사람들과 잘 지내야 한다.

- 「모택동 문집」, 제2권, 409-410쪽.

批评应该是严正的,

尖锐的,

但又应该是诚恳的,

坦白的,

与人为善的。

185.

정확하고 부정확한 것은 말하는 내용을 가리키는 것으로,

어떤 것은 맞고,

어떤 것은 틀리며,

말이 안 맞는 것은,

말하는 과정에서 나타나는 것이므로,

반드시 허락해야 하는데,

잘못 말하는 것은,

이후 바로 잡을 수가 있다.

- 「모택동 문집」, 제2권, 421쪽.

正确不正确是指说话的内容,

有的对,

有的不对。

说得不对,

是在说的过程中发生的,

应该允许,

说错了的,

以后可以纠正。

186.

우리에게 만일 결점이 있으면,
다른 사람이 비평하는 것을 두려워하지 말라.
어떤 사람일지라도,
누구나 우리를 향해 지적하는 일은 모두 가능한 것이다.
다만 비평하는 사람의 말이 맞는다면,
우리는 곧 바로 고쳐서 바로잡아야 할 것이다.

－『모택동 선집』, 제2판, 제3권, 1004쪽.

我们如果有缺点,
就不怕别人批评指出。
不管是什么人,
谁向我们指出都行。
只要你说得对,
我们就改正。

187.

비평을 받았을 때,

언제나 여러 가지로 언짢거나 괴로워지게 되는데,

이는 정상적인 것이다.

  –「모택동 문집」, 제3권, 254쪽.

  被批评的时候

  总会有些不舒服和难过,

  这是正常的。

188.

결점이나 잘못은,

있으면 있는 것이고, 없으면 없는 것이다.

있으면 이를 말하고, 없으면 말하지 말아야 한다.

말하는 바가 아주 잘 맞거나,

말 속에 진리가 있으면,

말이 맞지 않더라도 그리 중요하지는 않은 것이므로,

말하는 사람은 죄가 없는 것이다.

– 「모택동 문집」, 제3권, 255쪽.

缺点错误,

有就是有, 没有就是没有;

有则说之, 无则不说;

讲对了很好,

讲出了真理;

讲的不对也不要紧,

言者无罪。

189.

사람들이 비평하는 것을 두려워하지 않을수록
사람들로 하여금 더욱 감히 말하도록 하게 하고,
사람들에게 말할 수 있는 기회를 주는 것은,
사람들이 비평하는 것을 더욱 적어지게 하는 것이다.

- 『모택동 문집』, 제3권, 399쪽.

愈是不怕人家批评,
愈是敢让人家讲话,
给人家讲话的机会,
人家的批评可能会愈少。

190.

잘못을 저지르는 것을 그다지 두려워하지 말고,
즐겨 비평하지 않으려 하는 것을 두려워하며,
감히 고치려 하지 않는 것은,
비평하는 것 때문에 풀이 죽을 까봐 두려워하는 것이다.
반드시 잘못을 고치는 것과 격려해주는
두 방면을 돌아보아야 한다.

－「건국 이래 모택동 문고」, 제8책, 379쪽.

错误并不可怕,
就怕不肯批评,
不肯改正,
就怕因批评而泄了气。
必须顾到改错与鼓劲两个方面。

191.

평소에 이러한 기풍을 양성해야,

당신의 면전에서 감히 말하지 못할 것이며,

그러면,

당신은 응당 회피해야 한다.

착오가 있으면,

반드시 자기 비평을 해야 하고,

다른 사람으로 하여금 말하도록 하며,

다른 사람으로 하여금 비평토록 해야 한다.

   – 「모택동 문집」, 제8권, 296쪽.

平素养成了这样一种风气,

当着你的面不敢讲话,

那末,

你就应当回避一下。

有了错误,

一定要作自我批评,

要让人家讲话,

让人批评。

192.

책임을 지지 않는다는 것은,
책임지는 것을 두려워하는 것으로,
사람들이 말하는 것을 허락하지 않게 된다.
호랑이 엉덩이를 만지지 못하는,
이러한 태도를 취하는 사람은,
열이면 열 다 실패하고 만다.

－「모택동 문집」, 제8권, 296쪽.

不负责任,
怕负责任,
不许人讲话,
老虎屁股摸不得,
凡是采取这种态度的人,
十个就有十个要失败。

193.

잘못된 해석은 잘 받아들이게 된다.

해석이 통하지 않으면,

잠시 내려놓고,

이후에 다시 말하라.

─「건국 이래 모택동 문고」, 제12책, 347쪽.

好的接受，

错的解释。

解释不通，

暂时搁下，

将来再说。

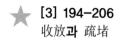
194.

있으면 고치고,

없으면 더욱 힘써야 하며,

각종 쓸데없는 말을 자신의 책임으로 끌어 오면,

이것이 바로 하나의 커다란 짐을 내리게 하는 것으로,

많은 성을 내지 않게 하는 것이다.

  - 「모택동 문집」, 제3권, 285쪽.

有则改之,

无则加勉,

把各种闲话都引到自己的责任上来,

这就卸下一个大包袱,

不至于多生气。

195.

우리가 더욱 언로를 넓히기를 원하면,

창문을 열어 제쳐야 하는데,

창문을 열면 모래가 들어올 가능성을 두려워 말아야 한다.

약간의 먼지가 들어오면,

안 좋은 점도 있지만, 그러나 그리 큰 문제는 아니고,

창문을 열면 공기가 통해 이익이 아주 크며,

우리는 이러한 이해관계 하에서,

이 문제를 봐야 한다.

－「모택동 문집」, 제3권, 399쪽.

我们更要广开言路,

打开窗户,

不要怕打开窗户可能吹进沙子来。

进来一点尘土,

坏处有一点，但并不大,

而开窗户透空气的利益却很大,

我们要从这种利害关系上

看这个问题。

196.

무릇 해로움이 있는 것은,
더욱 힘써 제한해야 하며,
무릇 해로움이 없는 것은,
더욱 더 이용해야 한다.

－「모택동 문집」, 제2판, 제5권, 236쪽.

凡有害的，
加以限制；
凡无害的，
加以利用。

197.

사람들 뒤에서 욕하는 것을 허락하는 것은 안 되며,
사실상 이렇게 하면 일을 완수할 수가 없다.
......
위신은 서서히 세워진다.
과거 군대 내에서 어떤 이가 노래를 편집하여 사람을 욕했는데,
우리들은 금지시키지 않고 조사하지도 않았으며,
군대 역시 망가지지 않았다.
우리들은 오로지 큰 것들만을 움켜쥐었는데,
예를 들면 3대 기율 8항주의 같은 것으로,
대오는 천천히 궤도에 올라갔다.

　－「모택동 문집」, 제6권, 279쪽.

不准人家在背后骂一句话，
事实上办不到。
......
威信是逐渐建立的。
过去军队里面有人编歌谣骂人，
我们不禁也不查，军队还是没有垮。
我们只抓住一些大的，
比如三大纪律八项注意，
队伍就慢慢上了轨道。

198.

사람들이 오류, 추악, 적대하는 것에 대해

보는 것을 금지시키는 것은……

이러한 정책은 위험한 정책이다.

그것은 장차 사람들의 사상을 쇠퇴케 하는 것으로,

편협한 마음으로는,

세상을 볼 수 없고,

맞서서 경쟁할 수도 없다.

　－「모택동 문집」, 제7권, 192-193쪽.

禁止人们跟谬误, 丑恶,

敌对的东西见面……

这样的政策是危险的政策。

它将引导人们思想衰退,

单打一,

见不得世面,

唱不得对台戏。

199.

당신이 다른 한 쪽의 것을 연구하지 않으면,
그것을 반박하여 쓰러뜨릴 수가 없다.

   – 「모택동 문집」, 제7권, 193쪽.

你不研究反面的东西，
就驳不倒它。

200.

같은 착오적 사상을 가지고 투쟁하면,
우두를 접종하는 것과 잘 비교되는데,
우두 접종 후의 면역 작용은,
인신 상에 면역력을 증가시키지만,
온실 속에서 배양해 낸 것은,
강력한 생명력이 있을 수가 없다.

　－「모택동 선집」, 제2판, 제7권, 232쪽.

　　同错误思想作斗争,
　　好比种牛痘,
　　经过了牛痘疫苗的作用,
　　人身上就增强免疫力。
　　在温室里培养出来的东西,
　　不会有强大的生命力。

201.

풀어논다는 것은,

곧 여러 사람에게 의견을 말하라고 풀어놓은 것으로,

사람들이 감히 말하고 감히 비평하고, 감히 논쟁하게 되면,

잘못된 의견이라도 두려워하지 않고,

독소가 있는 내용이라도 두려워하지 않게 된다.

……

받아들인다는 것은,

사람들이 다른 의견을 말하는 것을 허락하지 않고,

사람들이 잘못된 의견을 발표하는 것을 허락하지 않아,

오직 "전면적으로 부정한다는 것"만을 발표하게 된다.

이는 모순을 해결하는 방법이 아니고,

모순을 확대시키는 방법이다.

– 「모택동 선집」, 제2판, 제7권, 278–279쪽.

放, 就是放手让大家讲意见,

使人们敢于说话, 敢于批评, 敢于争论；

不怕错误的议论, 不怕有毒素的东西；

……

收, 就是不许人家说不同的意见,

不许人家发表错误的意见,

发表了就"一棍子打死"。

这不是解决矛盾的办法,

而是扩大矛盾的办法。

202.

사람들을 굴복시키려면,

오로지 설득을 해야지, 압박해서는 굴복케 할 수 없다.

압박으로 굴복시킨 결과는 언제나 압박해도 굴복하지 않는다.

힘으로써 사람을 굴복시켜서는 안 된다.

적에게 대해서도 이렇게 해야 하고,

동지에 대해서, 친구에 대해서는

절대로 이런 방법을 사용해서는 안 된다.

설득할 수 없으면 어찌해야 하나?

학습케 해야 한다.

우리는 반드시 변론하는 방법, 도리를 설명하는 방법을 통해

배울 수 있으며,

이를 통해 착오사상을 극복할 수 있다.

– 「모택동 문집」, 제7권, 279쪽.

要人家服, 只能说服, 不能压服。
压服的结果总是压而不服。
以力服人是不行的。 对付敌人可以这样,
对付同志, 对付朋友,
绝不能用这个方法。

不会说服怎么办? 这就要学习。
我们一定要学会通过辩论的方法、
说理的方法,
来克服各种错误思想。

203.

우리는 현재 설득하는 수단을 이용하여,
압박하여 복종케 하는 방법을 대체할 수 있다.
낭비하는 시간이 적지는 않지만,
이런 시간은 필요한 것이다.

　–「건국 이래 모택동 문고」, 제6책, 629쪽.

　我们现在用说服的方法代替了
　压服的方法。
　费的时间不算少,
　但是这点时间是需要的。

204.

불평불만은 반드시 사람들에 의해서 일어나는데,
당연히 불평을 늘어놓은 사람은 죄가 없다.

　-「건국 이래 모택동 문고」, 제8책, 172쪽.

　　牢骚是一定要让人发的,
　　当然发者无罪。

205.

설사 소수인이 한 시기 우리의 의견과 일치하지 않더라도,
또한 그들을 잘 설득해야 한다.

- 「건국 이래 모택동 문고」, 제8책, 496쪽.

即使有少数人在一个时期和我们
意见不一致，
也应好好说服他们。

206.

말을 틀리게 하면 비평을 할 수 있는데,
그렇지만 이치에 맞는 말로써 그를 설득하도록 해야 한다.
그러나 말을 해서 설득하지 못하면 어찌해야 하는가?
그러면 그로 하여금 의견을 보류하도록 해야 한다.
......

잘못된 의견을 그로 하여금 잠시 보류케 하면,
장차 그는 반드시 고치게 될 것이다.
많은 시간 소수인의 의견은 오히려 정확할 수도 있다.
역사상 언제나 이러한 사실들이 있었다.
처음부터 진리가 다수인의 손 안에 있는 것은 아니다.
오히려 소수인의 손 안에 있다.

－『모택동 선집』, 제2판, 제39권, 40쪽.

讲错了话可以批评, 但是要用道理说服人家。
说而不服怎么办?
让他保留意见。
......
错误的意见, 让他暂时保留, 将来他会改的。
许多时候, 少数人的意见, 倒是正确的。
历史上常常有这样的事实,
起初. 真理不是在多数人手里,
而是在少数人手里。

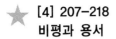
207.

우리가 잘못을 들추어내는 것은,
결점을 비판하려는 목적에서인데,
이는 마치 의사가 병을 치료하는 것처럼,
완전하게 사람을 구하기 위한 것이지,
사람을 괴롭히려고 그러는 것이 아니다.

 -『모택동 선집』, 제2판, 제2권, 418쪽.

　但是我们揭发错误,
　批判缺点的目的,
　好像医生治病一样,
　完全是为了救人,
　而不是为了把人整死。

208.

다른 사람을 돕고자 하면,
먼저 자신을 업그레이드해야 하며,
자신이 진보하지 않으면,
다른 사람을 돕고자 하는 것은 어려우므로,
이 점을 확실하게 말해야 한다.

－『모택동 문집』, 제2권, 418쪽.

要帮助别人,
首先要提高自己,
自己不进步,
要帮助别人是难的,
这一点要讲清楚。

209.

모든 곳에는 결점과 곤란함이 있으므로,

우리는 먼저 어느 곳에 결점이 있고,

어디에 곤란한 점이 있는지를 예측해야 한다.

어느 한 곳에 가서 사람들을 비평해서는 안 되고,

학습하는 태도를 가져야 하며,

어느 곳이 뒤떨어져 있어, 더 열심히 일하면,

그곳 사람들은 당신을 이해하게 될 것이다.

그런 후 어떤 결점이 있는지를 말하면,

이런 사람들은 곧 알아듣게 되어,

사람들은 곧바로 찬성하게 되고, 또한 고치게 된다.

－「모택동 문집」, 제3권, 260쪽.

每一个地方都有缺点, 困难,
我们要事先估计到那里的缺点,
那里的困难。
到一个地方不要去批评人家,
要采取学习的态度,
在那里落下来, 工作搞熟了,
那里的人了解你了, 然后再讲有什么缺点,
这样人家就能听进去了,
人家就会赞成, 也会改的。

210.

무릇 잘못한 것이 있으면,

모두 그 잘못을 수정해야 하나,

배로 배상하라는 것도 아니고,

성실하게 배상하라는 것도 아니다.

우리에게는 이러한 태도가 있어야 한다.

이러한 태도를 무엇이라고 하나?

바로 자아비판적 태도라는 것이다.

　－『모택동 문집』, 제3권, 263쪽.

凡是搞错了的,

都要修正错误,

赔一个不是,

老老实实地赔不是。

我们要有这样的态度。

这叫做什么态度?

自我批评的态度。

211.

청년 동지는 다른 사람에 대해

"우매하고 노후하다"고 말하지 말아야 하며,

나이 먹은 사람들도

"유치하고 무지하다"는 말을 해서는 안 된다.

여러분들은 모두 유년으로부터 지금에 이른 것으로,

어릴 때는 아는 것이 조금밖에 없었지만,

서서히 많아지게 된 것이다.

사람들이 아는 것이 당신이 알고 있는 것과는 같지 않겠지만,

그러나 당신도 무엇이든지 다 아는 것은 아니다.

  –「모택동 문집」, 제3권, 345쪽.

青年同志不要讲人家"昏庸老朽",

老头子也不要讲人家"年幼无知"。

大家都是从幼年来的,

年幼知道得少,

会慢慢地多起来。

人家懂得的东西不如你知道得多,

但你也不是什么都知道。

212.

어떤 한 사람도 여러 사람의 도움이 필요한 것이고,
서로 비평하고,
자아비판하며,
여러 사람이 도와주어야,
비로소 진보할 수 있고,
비로소 문제를 해결할 수 있다.

  – 『모택동 문집』, 제3권, 370쪽.

任何一个人也需要大家帮助的,
互相批评,
自我批评,
大家帮助,
才能进步,
才能解决问题。

213.

자연적으로,

우리는 사람의 도움을 받게 되며,

또한 시시각각 다른 사람을 도울 수 있는 준비를 해야 한다.

– 「모택동 문집」, 제5권, 262쪽.

自然,

我们受人帮助,

也要时刻准备帮助别人。

214.

성현을 포함한 모든 사람은,

언제나 과오가 있게 마련이나,

있더라도 고치면 된다.

......

우상을 만들어서는 안 되고,

누구라도 비평할 수 없다고 말해서는 안 되며,

비평할 수 있다고 말해야 하는데,

그러나 비평은 정확해야 하고,

비평에 대해서는 분석이 필요하다.

- 「모택동 문집」, 제6권, 347쪽.

人, 包括圣贤在内,

总是有过的, 有过必改就好了。

......

不要造成偶像,

就是不要说谁不能批评,

而要说可以批评,

但批评要正确,

对于批评要分析。

215.

결점이 있는 어떤 사람에 대해서,

잘못을 저지른 사람에 대해서,

그가 고치는 지 안 고치는지를 보아야 할 뿐만 아니라,

그가 고칠 수 있도록 도와주어야 하며,

첫 째는 보고, 둘째는 도와주어야 한다.

만일 보기만 하고, 거기에 서서 꼼작 않고 있으면,

당신을 어떻게 보겠는가?

당신이 잘하면 그 또한 좋은 것이고,

당신이 잘 못하면 당신은 재앙을 입게 된다.

이러한 태도는 일종의 소극적 태도이지,

적극적인 태도는 아니다.

　－「모택동 문집」, 제7권, 92쪽.

　　对于任何有缺点的人，犯过错误的人，

　　不仅要看他改不改，而且要帮助他改，

　　一为看，二为帮。

　　如果只是看，站在那里不动，

　　看你怎么样，

　　你搞得好那也好，你搞得不好该你遭殃。

　　这种态度是一种消极的态度，

　　不是积极的态度。

216.

잘못을 저지르면 손해를 보게 되고,
잘못을 저지른 사람은 책임을 져야할 뿐만 아니라,
잘못을 저지르지 않은 사람도 책임이 있다.
......

잘못된 노선은 한 때를 풍미할 수 있는데,
이는 우리가 그때 깨닫지 못하였음을 증명하는 것이고,
이는 곧바로 착오노선이 뚜렷할 때까지 발전하여,
매우 명확해져서야,
우리는 비로소 알게 되고, 비로소 결론을 내리게 된다.

– 「모택동 문집」, 제7권, 100쪽.

犯错误, 受损失,
不单是犯错误的人要负责,
不犯错误的人也有责任。
......
错误路线在一个时候能够风行,
就证明我们那个时候还不觉悟,
一直要到错误路线发展得非常显明,
非常清楚了,
我们才弄明白, 才作出结论来。

217.

이러한 공기는 원하지 않는다.

마치 잘못을 저지르지 않을 수 있는 것처럼 하다가,

한번 잘못을 저지르면 너무 엄청나서,

잘못을 범하자마자 이로부터 빠져나올 수 없게 된다.

한 사람이 잘못을 저질러도,

오로지 그가 진심으로 고치기를 원하고,

오로지 그가 확실히 자아비판을 하면,

우리는 환영한다는 것을 보여주어야 한다.

　-「건국 이래 모택동 문고」, 제10책, 41-42쪽.

　不要有这样的空气：

　似乎犯不得错误,

　一犯错误就不得了,

　一犯错误，从此不得翻身。

　一个人犯了错误,

　只要他真心愿意改正,

　只要他确实有了自我批评,

　我们就要表示欢迎。

218.

안 좋은 것은 적당하게 비평해 주어야 하고,
좋은 것은 칭찬해 주어야 하나,
그러나 받들어서는 안 된다……

– 「건국 이래 모택동 문고」, 제13책 250쪽.

不好的要给以适当的批评,
好的要表扬,
但不能捧…….

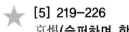

219.

절대적으로 문제를 보지 말고,

인내심을 갖고,

조리인과 나와의 관계에 주의하며,

고의적, 강제적으로 자신의 약점을 성찰하면,

모름지기 출로가 있게 되어,

비로소 모든 의혹을 버리고 마음이 안정되어,

모든 것을 하늘의 뜻에 맡길 수 있게 된다.

그렇지 않으면 매일 마음이 편지 못하여,

고통이 매우 클 것이다.

– 「모택동 문집」, 제2권, 364쪽.

不要绝对地看问题,
要有耐心,
要注意调理人我关系,
要故意地强制地省察自己的弱点,
方有出路,
方能"安心立命"。
否则天天不安心,
痛苦甚大。

220.

세상에는 결코 인연이 없고 이유 없는 사랑은 없으며,
또한 인연이 없고 이유 없는 원한도 없다.

　-『모택동 선집』, 제2판, 제3권, 871쪽.

世上决没有无缘无故的爱,
也没有无缘无故的恨。

221.

범사에 인내하고,

자신의 결점을 많이 생각하는 것은,

지금까지 할 수 없었던 일을 할 수 있게 하기 위함이다.

대국을 돌아보며,

단지 큰 원칙만을 방해하지 말고,

다른 사람을 되도록 이해하고 용서해 줘야 한다.

– 『모택동 문집』, 제3권, 127쪽.

凡事忍耐,

多想自己缺点,

增益其所不能;

照顾大局,

只要不妨大的原则,

多多原谅人家。

222.

검토하는 목적은 경험으로부터 교훈을 얻으려는 것에 있지,
책임을 다른 동지의 신상에 덮어씌우려는 것은 아니다.
왜냐 하면 동지들의 신상에 덮어씌우는 것은
좋은 결과가 없기 때문인데,
동지를 채칼로 그 성분을 가는데,
무슨 좋은 일이 있겠는가?
그렇다고 문제를 해결할 수 있겠는가?
그리하면 문제는 해결할 수 없는 것이다.

─「모택동 문집」, 제3권, 256쪽.

检讨的目的在于得出经验教训,
不在于把责任加在个别同志身上,
因为加在那些同志身上没有好结果,
把同志放在磨子里头磨成粉,
有什么好处呢?
能不能解决问题呢?
不能解决问题。

223.

많은 불공평한 사정은 서서히 공평한 쪽으로 가게 되어
있다.

어느 날이고 불공평한 문제는 있게 마련인데,

따라서 우리들은 어느 날이라도 문제를 해결해야만 한다.

문제는 해결하면 또 발생하는 것이므로,

발생하면 또 해결해야 하는데,

우리는 바로 이렇게 하면서 앞으로 나아가야 하는 것이다.

– 『모택동 문집』, 제3권, 339쪽.

许多不公平的事情要逐渐走向公平。

哪一天都有不公平的问题,

因此我们哪一天也要解决问题。

问题是解决了又发生,

发生了又解决,

我们就是这样地前进。

224.

절대적으로 공평하거나 혹은 절대적으로 불공평한 것은,
불가능하다.
만일 지방의 동지가 중앙이 일을 제대로 못한다고 말하면,
그러면 지방 동지의 일은 제대로 다 하고 있고,
조금도 불공평한 것이 없다는 것인가?
나는 믿지 못한다.
어떤 일은 예상치 못할 수 있고,
어떤 일은 잘못 생각할 수 있으며,
어떤 일은 적당하게 안배하지 못할 수 있는 것이니,
이러한 것들은 피할 수 없는 것이다.

－『모택동 문집』, 제7권, 107쪽.

绝对的公平或者绝对的不公平,
是不可能的。
如果地方的同志说中央搞得不好, 那末,
地方同志的事情是不是搞得十全十美,
一点不公平都没有?
我就不相信。
有些事情想不到, 有些事情想错了,
有些事情安排不恰当, 是难免的。

225.

눈물은 밖으로 흘러내리게 하지 말고,

안으로만 흘리도록 해야 한다.

세계상에는 공평하고 올바른 도리가 아닌 것이 많이 있는데,

그러한 것들은 잘못 평가된 것으로,

그런 것으로 인해 시끄러울 필요는 없고,

전체 국면과는 관계없는 일이니,

그저 밥술이나 먹을 수 있으면 되는 것이다.

  – 『모택동 문집』, 제7권, 285쪽.

    眼泪不要往外头流，

    要往里头流。

    世界上是有许多不公道的事情，

    那个级可能评得不对，

    那也无须闹，

    无关大局，

    只要有饭吃就行。

226.

하나로 묶어도,

여러 의견은 합쳐질 수가 없다.

사람들 가운데

어떤 이는 자기가 무엇을 하는지 모르겠다고 비평하며,

자기를 반대하고,

자기 스스로 또한 반격을 하는데,

이는 결과적으로 모순이 발생하게 한다.

자기를 반대하는 사람이 그렇다고

전부 나쁜 사람은 아니다.

　－「건국 이래 모택동 문고」, 제13책, 39쪽.

　　碰在一块,

　　有些意见不对头。

　　人家或者是搞什么批评了自己,

　　反对了自己,

　　自己又反攻一下,

　　结果就发生矛盾。

　　反对自己的人不一定是坏人。

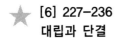

227.

단체가 없으면,
이러한 역량은 분산되고, 흩어지게 되며,
사람의 마음은 서로의 일에 관여하지 않게 되니,
이를 불러 마음이 합쳐지지 못하고,
힘이 규합되지 않는다는 것이다.
단체가 있고, 마음이 합쳐지면,
역량은 곧 결합되어져,
마음과 힘이 합쳐져서 큰일을 할 수 있게 되는 것이다.

– 『모택동 문집』, 제2판, 167쪽.

没有团体,
这种力量是散的, 零碎的,
人心是各管各的,
这叫做心不齐, 力不合。
有了团体, 心就齐了,
力量就结合起来了,
就能齐心合力干大事。

228.

단결하여 분석을 가하여,

각종 모순적 의견, 일치하지 않는 의견에 대해서,

또 매 사람마다의 의견에 대해서

모두 분석을 가해야 한다.

혹자는 모두가 맞는다고 해도,

구절구절 말을 잘 못하거나,

혹자는 일부는 맞으나, 일부가 안 맞는 것이 있고,

혹자는 전부 틀린 것이 있게 마련이다.

시비를 확실하게 구분하고,

그런 후에 한 곳에다 결말지어 놓으면,

곧 단결하게 된다.

　－「모택동 문집」, 제3권, 257쪽.

　　団結加上分析，
　　对各种矛盾的意见，不对头的意见，
　　对每个人的意见，都加以分析：
　　或者全部是对的，只是句把话不好；
　　或者一部分是对的，一部分是不对的；
　　或者全部是不对的。
　　分清是非，
　　然后落在一个地方，就是团结。

229.

세계상의 일이란 대부분 그저 그렇지만,

통쾌함을 위한 것이,

때로는 오히려 통쾌하지 않을 수 있으며,

통쾌하지 않을 것에 대해 준비하게 되면,

통쾌하지 않음이 조금 누그러질 수 있게 된다.

그래서 우리들은 골치 아픈 것을 두려워하지 않는다고 결심해야 하고,

잘못을 저지른 동지와 합작할 것을 결심해야 한다.

당신이 자주 오지 않으면 내가 간다는 식으로,

당신의 입에 쓸데없는 말이 많아도,

나는 귀를 세워 듣기는 하지만,

이쪽 귀로는 다 듣지 않고, 저쪽 귀로는 듣고……

  –「모택동 문집」, 제3권, 362쪽.

世界上的事, 往往是这样,
就是为了痛快, 往往反倒不痛快,
而准备了不痛快, 不痛快或者可以少一点。
所以我们要下决心不怕麻烦,
下决心和犯过错误的同志合作。
你不大来, 我就去;
你口里有许多闲话, 我长了耳朵,
这个耳朵听不完那个耳朵听…….

230.

다른 의견을 주의해서 수집하라.

의견이 일치하면 단결하지 못하는 현상이 발생하지 않을
것이고,

단결하지 않는 것은 바로 다른 의견이 있기 때문인데,

그리되면 해결점을 찾을 수가 없다.

– 「모택동 문집」, 제5권, 28-29쪽.

注意收集不同的意见。
意见一致了就不会发生不团结现象,
不团结就是因为有不同的意见而又
得不到解决。

231.

우리는 모두 사방에서 모여 합쳐졌다.
우리는 자기 의견과 서로 같은 동지들과
잘 단결해야 할 뿐만 아니라,
자기 의견과 다른 동지들과도 잘 단결하여,
같은 길 위에서 일해 나가야 할 것이다.

– 『모택동 선집』, 제2판, 제4권, 1443쪽.

我们都是从五湖四海汇集拢来的,
我们不仅要善于团结和自己意见
相同的同志,
而且要善于团结和自己意见不同的
同志一道工作。

232.

더 많은 사람들을 단결시켜라.

그만큼 장애가 되는 일이 적어진다.

그러면 어떤 일이든 쉽게 해나갈 수 있다.

　-「모택동 문집」, 제6권, 488쪽.

团结了更多的人,

阻碍就少些,

事情就容易办得通。

233.

소위 단결이란,

바로 자기 의견과 다른 사람이거나,

자기를 경시하는 사람이거나,

자기를 존중하지 않는 사람이거나,

자기와 언쟁을 한 적이 있어서 뒤틀어졌거나,

자기와 싸운 적이 있거나,

자기가 그의 면전에서 창피함을 당했던 그런 일부 사람까지

단결케 하는 것을 말한다.

- 「모택동 문집」, 제7권, 92쪽.

所谓团结,

就是团结跟自己意见分歧的,

看不起自己的,

不尊重自己的,

跟自己闹过别扭的,

跟自己作过斗争的,

自己在他面前吃过亏的那一部分人。

234.

사막을 제외하고,

무릇 사람들이 몰려 있는 곳에는,

모두 좌, 중, 우가 있으며,

일만 년 후에도 또한 그럴 것이다.

   -「건국 이래 모택동 문고」, 제6책, 474쪽.

   除了沙漠,

   凡有人群的地方,

   都有左, 中, 右,

   一万年以后还会是这样。

235.

소위 대다수 사람을 단결시킨다는 것은,

종전에 자기를 반대하고 잘못을 저지른 사람을

반대하는 것을 포함하여,

그가 어떤 파벌에 있더라도,

복수하는 일은 기억하지 말고,

"윗사람이 바뀌면 아랫사람도 바뀐다"는 듯이 해서는 안

된다.

– 「건국 이래 모택동 문고」, 제11책, 85쪽.

所谓团结大多数人,

包括从前反对自己反对错了的人,

不管他是哪个山头的,

不要记仇,

不能"一朝天子一朝臣"。

236.

단결하려는 목적은,
더욱 큰 승리를 얻으려 하기 위함이다.

　-「건국 이래 모택동 문고」, 제13책, 35쪽.

　　団结起来的目的,
　　是要争取更大的胜利。

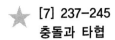

237.

예를 들어 내가 이 집에 서 있을 때,

그가 나를 밀쳐내면,

나도 마찬가지로 그를,

물러나게 하듯이,

한 발 한 발 밀리게 되면,

내 몸둥이를 용납할 땅이 없게 되므로,

그가 밀쳐오면,

우리도 반대로 밀쳐내서,

그가 원래의 자리로 가도록 돌려세워야 한다.

　－「모택동 문집」, 제2권, 152쪽.

　　比方我在这屋子站着,
　　他把我挤一下,
　　我若让他,
　　退一下,
　　这样一步一步会挤得我无容身之地,
　　所以, 他挤来,
　　我们反挤一下,
　　挤回他到原来地位……

238.

사람들이 나를 범하지 않고,
나도 다른 사람을 범하지 않아야 한다.
사람이 만약 나를 범하면,
나도 반드시 다른 사람을 범하게 된다.

　－『모택동 선집』, 제2판, 제2권, 590쪽.

　　人不犯我,
　　我不犯人 ;
　　人若犯我,
　　我必犯人。

239.

나 스스로 이전에 소수라는 지위에 처해 졌던 상황이 있다.
이런 때에는,
내가 할 수 있는 일이 생길 때까지 그저 기다려야 한다.

–「모택동 문집」, 제3권, 191쪽.

我自己曾经有过处于少数地位的情况。
在这种时候,
我所能做的只有等待。

240.

종파주의는 있는가 없는가?
객관적 사실을 가지고 증명하려고 하면,
장래 일하는 가운데 증명토록 해야지,
주관적으로 부인하게 되면,
그 효과는 매우 작고,
그 문제도 해결할 수가 없다.

－「모택동 선집」, 제2판, 제3권, 409쪽.

有没有宗派主义,
要以客观事实来证明,
要在将来工作中来证明,
主观上否认,
效果很小,
不能解决问题。

241.

내 쪽에 권리가 있으면,

반드시 힘을 다 해 싸우고,

상대방이 무리하게 요구하면,

반드시 거절하라.

그러나 모든 정신은 손해 보지 않는 기초 위에서,

분쟁을 해결할 것을 추구해야 한다.

그리고 분쟁이 확대되지 않게 해야 한다.

– 『모택동 문집』, 제4권, 117쪽.

我方权利所在,

必须力争,

彼方无理要求,

必须拒绝,

但总的精神是求得在不吃亏的基础上

解决纠纷,

而不是使纠纷扩大。

242.

소위 타협이란 당연히 모든 문제 상의 타협을
말하는 것은 아니다.
이는 불가능한 것이기 때문이다.

– 『모택동 문집』, 제4권, 333쪽.

所谓妥协当然不是在一切问题上的
妥协,
这是不可能的。

243.

도리가 있고,

유리함이 있어야 하며,

절제가 있어야 한다.

즉 투쟁은 도리가 있어야 하고,

승리할 수 있는 요인을 파악해야 하며.

적당한 승기를 얻었을 때는 절제를 해야 한다.

　－「모택동 문집」, 제7권, 135쪽.

要有理,

有利,

有节。

就是斗争要有道理,

要有胜利的把握,

取得适当胜利的时候要有节制。

244.

그들이 우리에게 영향을 주려하면,
우리도 그들에게 영향을 주도록 생각해야 한다.
우리들도 모든 것이 파헤쳐지는 것이 없어야 하고,
법보(法寶)는 한 번에 다 사용해 버려서는 안 되며,
손 안에 한 움큼 남겨두어야 한다.
모순은 언제나 있는 것이므로,
눈앞에서 대체적으로 지나가게 하면,
같은 것을 추구하되, 다름은 남겨두게 할 수 있으므로,
그러한 다른 것들은 장래에 다시 말해야 한다.

– 『모택동 문집』, 제7권, 191–192쪽.

他们想影响我们, 我们想影响他们。
我们也没有一切都捅穿,
法宝不一次使用干净,
手里还留了一把。
矛盾总是有的,
目前只要大体过得去,
可以求同存异,
那些不同的将来再讲。

245.

논쟁을 멈추는 것은 한쪽의 말을 그대로 받아들이는 것이
아니라,

반드시 쌍방이 모두 받아들일 수 있는,

공평한 협의에 도달토록 하는 것이다.

　- 『모택동 문집』, 제8권, 359쪽.

停止争论不是一方说了就算,

而必须达成双方都能接受的公平协议。

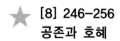

246.

세계상에는 오직 고양이와 고양이만이 친구가 되는 일만
있지,

고양이와 쥐가 친구가 되는 일은 없다.

– 『모택동 선집』, 제2판, 제2권, 503쪽.

世界上只有猫和猫做朋友的事,
没有猫和老鼠做朋友的事。

247.

사람을 대한다는 것은 정성으로 하는 것을 말하고,

거짓된 것은 버려야 하며,

사람을 대한다는 것은 관용으로 해야 하는 것을 말하고,

편협함은 버려야 한다.

　-『모택동 선집』, 제2판, 제2권, 722쪽.

　　待人以诚而去其诈，

　　待人以宽而去其隘。

248.

　무릇 다른 사람에게 손해를 주는 이기적인 마음을 가진
사람은,

　그 결과가 모두 좋지가 않다.

　　－「모택동 선집」, 제2판, 제2권, 737쪽.

　　凡有损人利己之心的人,

　　其结果都不妙。

249.

만일 피차간에 마음을 이해하지 못한다면,
피차간의 심리상에는 어떤 것을 생각하는지를 모른다.
그런 사람을 마음을 알 수 있는 친구로 삼을 수 있겠는가?

  – 「모택동 선집」, 제2판, 제3권, 836–837쪽.

  如果不懂得彼此的心,
  不知道彼此心里面想些什么东西,
  能够做成知心朋友吗?

250.

합작은 어떤 한 쪽이 해를 입어서는 안 되게 해야 한다.
그렇지 않으면 오래가지 않게 되고,
반드시 파멸하게 된다.
친구 사이는 말할 것도 없이,
나라와 나라 사이 혹은 정당과 정당 사이의 합작도,
모두 이와 같다.
합작은 반드시 이익이 있어야 하는데,
그렇지 않으면 누가 합작을 하겠는가?

– 「모택동 문집」, 제6권, 371-372쪽.

合作不能对任何一方有害,
否则就不能持久,
一定会破裂。
不论是朋友之间,
国与国之间或是政党与政党之间的合作,
都是如此。
合作一定要有利,
否则谁还干呢?

251.

손님이 주인을 볼 때 손님은 주인을 존경해야 하나,
주인 노릇을 하려면 반드시 손님에게 감사해야 한다.
......
세계상에는 한쪽이 다른 쪽의 사정에 감사하는 일은 없다.
만일 오직 한쪽에서 다른 한쪽의 사정에 대해 감사하게 되면,
그것은 좋은 일이 아니다.
서로에게는 좋은 점이 있기에,
서로가 도움이 있어야 하며,
서로 간에 감사해야 한다.

  – 『모택동 문집』, 제6권, 480쪽.

　　客人来看主人, 是客人看得起主人,
　　做主人的应该感谢客人。
　　......
　　世界上没有只有一方面感谢
　　另一方面的事情。
　　如果只有一方面感谢另一方面的事情,
　　那就不好了。
　　相互有好处, 相互有帮助,
　　相互应该感谢。

252.

우리는 당면한 상황에서만 한 팀이 아니라,
배후에서도 다른 한 팀이기에,
우리는 오로지 한 팀이지,
두 팀이 아닌 것이다.

– 「모택동 문집」, 제6권, 511쪽.

我们不是当面一套,
背后另一套,
我们只有一套,
没有两套。

253.

우리는 여러분들의 우의를 얻고 싶고,
여러분들도 우리들의 우의를 얻고 싶어 할 것인데,
이것이 문제의 중심이다.
이러한 중심이 있기에,
어떤 문제라도 해결할 수 있지 않겠는가?,

　– 「모택동 문집」, 제8권, 161–162쪽.

　　我们要得到你们的友谊,
　　你们也要得到我们的友谊,
　　这是问题的中心。
　　有了这个中心,
　　任何问题都可以解决,
　　是不是?

254.

친구에는 진짜와 가짜가 있는데,
실천을 통해서만 누가 진짜 친구이고,
누가 가짜 친구인지를 알 수 있다.

－「건국 이래 모택동 문고」, 제9책, 584쪽.

朋友有真假,
但通过实践可以看清谁是真朋友,
谁是假朋友。

255.

사람이 진실한 말을 하지 않으면 믿음을 주지 못한다.
누가 당신을 신임하겠는가?
친구 사이도 그런 것이다.

  – 「건국 이래 모택동 문고」, 제13책, 178쪽.

  一个人不讲真话建立不起信任。
  谁信任你啊?
  朋友之间也是这样。

256.

언제나 쌍방이 원해야 비로소 행할 수 있고,
오로지 한쪽만이 원한다면 행하지 말아야 한다.

　-「건국 이래 모택동 문고」, 제13책, 178쪽.

　总要双方都愿意才行,
　只一方愿意不行。

일처리 하는 법(處事)

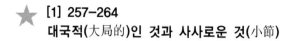

257.

사람들마다 모두 많은 것으로 적은 것을 이기는 것이,

가장 좋은 방법이라고 알고 있지만,

그러면서도 많은 사람들은 그리 하지를 못하고,

반대로 매번 병력을 분산시키고 있는데,

원인은 지도자의 전략적인 머리가 부족하여,

복잡한 환경에 미혹되어,

이로 인해 환경에 지배를 받아,

자주적인 능력을 잃어버린 채,

대응하겠다는 주의를 택하게 되기 때문이다.

– 「모택동 선집」, 제2판, 제1권, 222쪽.

人人皆知以多胜少是最好的办法,　　为复杂的环境所迷惑,

然而很多人不能做,　　因而被环境所支配,

相反地每每分散兵力,　　失掉自主能力,

原因就在于指导者缺乏战略头脑,　　采取了应付主义。

258.

만일 두 개 이상의 모순이 존재하고 복잡한 과정의 말이 라면,

전력을 다해 그것의 주요 모순을 찾아내야 한다.

그 주요 모순을 잡아내어,

일체의 문제를 주요한 문제를 중심으로 해결하면,

그와 관련된 기타 문제도 쉽게 해결할 수 있다.

– 『모택동 선집』, 제2판, 제1권, 322쪽.

如果是存在着两个以上矛盾的复杂
过程的话,
就要用全力找出它的主要矛盾。
捉住了这个主要矛盾,
一切问题就迎刃而解了。

259.

일정한 시간 내에서는
오로지 하나의 중심된 일만 있을 수 있고,
다른 제2위, 제3위의 것으로는 이를 보충해야 한다.

　- 『모택동 선집』, 제2판, 제3권, 901쪽.

　　在一定时间内只能有一个中心工作,
　　辅以别的第二位、
　　第三位的工作。

260.

어떤 것이든 꼭 쥐어야 하는데,

조금이라도 풀지 않아야,

비로소 꼭 잡을 수가 있다.

잡고도 꼭 쥐지 않으면,

조금 후에는 놓치게 된다.

　– 『모택동 선집』, 제2판, 제4권, 442쪽.

　什么东西只有抓得很紧,

　毫不放松,

　才能抓住。

　抓而不紧,

　等于不抓。

261.

소위 "잡는다"는 것은,
이 문제를 의사일정 상에 올려놓고,
연구하는 것이다.

　－「모택동 문집」, 제7권, 282쪽.

所谓"抓",
就是要把这个问题提到议事日程上,
要研究。

262.

여러 요점을 뽑아내는 목적은 다소 중점을 두자는데 있다.
어떤 일의 핵심을 정확히 알고 이해하면,
전체 모습이 자연히 떠오르게 된다.

......

시기상 다소 중점을 두는 것은,
더욱 큰 것을 파악하기 위함이다.

......

계획을 정할 때 중점을 두는 것은,
동일 시간 내에 방치되었던 일이,
다시 일어날 수 없기 때문이다.

- 「모택동 문집」, 제7권, 346쪽.

抽出一些要点, 目的在于有所侧重。
纲举目张, 全网自然提起来了。

......

时机上有所侧重,
把握就更大了。

......

订计划时要有重点,
不可在同一时间内百废俱兴。

263.

어떤 일종의 상황에는 모두 두 가지 면이 있는데,
곧 선전적인 것과 낙후한 것이 그것이고,
중간적 상태는 언제나 다수를 점한다.
두 가지 면을 다 쥐어야 하는 것은,
중간을 이끌어 내게 하려는 것이다.

- 「모택동 문집」, 제7권, 349쪽.

任何一种情况都有两头,
即是有先进和落后,
中间的状态又总是占多数。
抓住两头就把中间带动起来了。

264.

9개 손가락과 하나의 손가락은 구별되는 바가 있으니,

이 일을 보면 아주 간단한데,

많은 사람들은 오히려 알지를 못한다.

이러한 관점을 선전해야 한다.

이는 대 국면과 소 국면,

일반적인 것과 개별적인 것, 주류와 지류의 구별이다.

우리는 주류를 장악하는 것에 주의해야 하지,

잘못된 것을 잡으면 반드시 곤두박질치게 된다.

– 「모택동 문집」, 제7권, 357쪽.

九个指头和一个指头有区别，

这件事看来简单，

许多人却不懂得。

要宣传这种观点。

这是大局和小局，

一般和个别，主流和支流的区别。

我们要注意抓住主流，

抓错了一定翻筋斗。

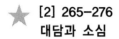
265.

하나로 열을 감당하려는 것은,
나의 정신이고,
열로써 하나를 감당해야 하는 것이,
나의 실력이다.

  -「모택동 문집」, 제1권, 383쪽.

以一当十,
是我精神,
以十当一,
是我实力。

266.

만일 우리들에게 필요하고 충분한 준비가 없으면,
반드시 피동적 위치로 떨어질 것이다.
임시방편적으로 창졸지간에 응전한다면,
승리할 수 있다는 점을 파악할 수가 없다.

－『모택동 선집』, 제2판, 제1권, 200쪽.

如果我们没有必要的和充分的准备,
必然陷入被动地位。
临时仓卒应战,
胜利的把握是没有的。

267.

착각과 미처 생각지 못하는 것은,

우세한 점과 주동적이 될 수 있는 기회를 상실할 수 있게

한다.

......

어떤 것을 미처 생각하지 못한다고 하는 것인가?

바로 준비가 없다는 것을 말한다.

우세하면서도 준비가 없으면,

진정으로 우세한 것이 아니고,

또한 주동적이 될 수도 없다.

  -『모택동 선집』, 제2판, 제2권, 491-492쪽.

错觉和不意,

可以丧失优势和主动。

......

什么是不意?

就是无准备。

优势而无准备,

不是真正的优势,

也没有主动。

268.

반드시 가장 곤란하고 가장 위험하며 가장 어두울 수 있다는

여러 가능성 있는 상황을 예측해야 하고,

이런 관점에서 출발하여 곤란을 극복해야 하며,

광명과 승리할 수 있는 국면을 쟁취해야 한다.

– 「모택동 문집」, 제3권, 440쪽.

必须预计到最困难最危险最黑暗的

种种可能情况,

并从这点出发去克服困难,

争取光明与胜利的局面。

269.

정신을 가다듬어 과감하게 일에 임해야 하고,
어느 때고 행할 수 있어야 하지만,
언제나 일을 하게 되면 결점이 있게 마련이다……

　-『모택동 문집』, 제4권, 30쪽.

　　赤膊上阵,
　　有时可行,
　　作为经常办法则有缺点…….

270.

종합적으로 말해서,
우리는 준비를 해야 한다.
준비가 있으면,
합당하게 각종 복잡한 국면에 대응할 수 있게 된다.

- 『모택동 선집』, 제2판, 제4권, 1134쪽.

总而言之,
我们要有准备。
有了准备,
就能恰当地应付各种复杂的局面。

271.

가장 나쁜 가능성에서부터 생각을 하면,
언제나 손해를 보지 않게 된다.

　-『모택동 문집』, 제6권, 404쪽.

　　从最坏的可能性着想,
　　总不吃亏。

272.

    세계상의 사정에 대해 당신은 그 극점까지 생각하지 않으려 하기에,

    당신은 잠을 이루지 못하는 것이다.

    – 「모택동 문집」, 제7권, 412쪽.

    世界上的事情你不想到那个极点，
    你就睡不着觉。

273.

한편으로 그것을 경시해서,

가볍게 쉬이 들어 올리고,

계산하지 않으며,

별 생각 없이 완성할 수 있다고 생각하면,

능히 전투할 수 있고 승리할 수 있을 것이다.

한편으론 그것을 중시하여,

그다지 가볍게 쉬이 들어 올리지 못하고,

계산하며,

절대로 가벼운 마음을 떨칠 수가 없다면,

어렵게 고군분투하면서도 힘들여 싸우지 않게 되어,

승리할 수 없게 되는 것이다.

  - 『모택동 문집』, 제7권, 456쪽.

　一方面, 藐视它,
　轻而易举, 不算数, 不在乎,
　可以完成, 能打胜仗。
　一方面, 重视它,
　并非轻而易举, 算数的,
　千万不可以掉以轻心,
　不经艰苦奋斗, 不苦战,
　就不能胜利。

274.

속히 승리할 가능성과, 천천히 승리할 가능성,
이 두 가지 경우는 언제든지 있다.
이 두 가지 모두를 다 준비하면,
실망에 이르지는 않을 것이다.

　－『모택동 문집』, 제8권, 7쪽.

可能胜利快,
也可能胜利慢,
无非这两种。
两头都准备,
就不至于失望。

275.

시간문제 상에서,

준비할 시간이 좀 짧으면,

오히려 준비를 좀 더 길게 해야 한다.

일하는 문제에 있어서,

좀 쉽게 할 수 있다고 보는 것보다,

오히려 좀 어렵겠다고 보아라.

이렇게 생각하고, 이렇게 하는 것이,

비교적 유익하고, 손해도 덜 보게 될 것이다.

-「건국 이래 모택동 문고」, 제11책, 102쪽.

在时间问题上,

与其准备短些,

宁可准备长些;

在工作问题上,

与其看得容易些,

宁可看得困难些。

这样想, 这样做,

较为有益, 而较少受害。

276.

모든 준비를 잘 하면,
설사 가장 곤란한 상황이 발행하더라도,
원래 생각했던 것보다 큰 차이는 안 날 것이니,
아주 좋은 것 아닌가?
그래서,
근본적으로 할 일은 두 가지인 것이니,
하나는 가장 유리한 국면을 쟁취하는 것이고,
둘은 가장 나쁜 상황에 대응할 수 있도록 준비하는 것이다.

– 『모택동 문집』, 제8권, 425쪽.

做好了一切准备,
即使发生最困难的情况,
也不会离原来的估计相差太远,
这不是很好吗？
所以,
根本的就是这两条：
一是争取最有利的局面；
二是准备应付最坏的情况。

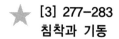

277.

적당한 상황에서 그쳐야,

이미 얻은 승리를 지킬 수 있다.

(이미 얻은 승리를 잃을 가능성이 있다)

– 「모택동 문집」, 제1권, 380쪽.

适可而止,

保证已得的胜利

(已得胜利是可能丧失的)。

278.

영활함을 경거망동으로 변하게 해서는 안 된다.
신중히 상황을 고려하는 것은 필수적이다.

– 『모택동 선집』, 제2판, 제2권, 414쪽.

　为使灵活不变为妄动,
　慎重地考虑情况是必要的。

279.

부인하는 사람이 없으면,

일정한 시간 내에 적용케 하는 방침으로 삼고,

그 또한 유동적이어야 하는데,

이러한 유동성이 없으면,

이 방침의 폐지와 다른 방침의 채용을 할 수 없게 된다.

- 『모택동 선집』, 제2판, 제2권, 496쪽.

没有人否认,

就是在某一一定时间内适用的方针,

它也是在流动的,

没有这种流动,

就不会有这一方针的废止和另一

方针的采用。

280.

만일 준비가 주도면밀하지 않았다면,
차라리 시간을 뒤로 미뤄라.

－『건국 이래 모택동 문고』, 제1책, 137쪽.

如果准备未周,
宁可推迟时间。

281.

적극적으로 조건을 조성하라.

무릇 조건이 성숙하지 않으면,

어떤 때, 어떤 곳을 막론하고 억지로 가서 하지 말라.

– 『모택동 문집』, 제6권, 477쪽.

积极造成条件。

凡条件不成熟者,

无论何时何地不要勉强去做。

282.

전적으로 좋아하는 일을 한 후에는 비평하지 말라.
일이 끝난 후 반드시 비평하려면,
가장 좋은 것이 막 나타났을 때 비평하라.
전적으로 좋아하는 일을 한 후 비평하는 것은,
임기응변적인 지도가 결핍되어 있다는 것인데,
이는 좋은 일이 아니다.
만일 잘못된 상황에 이르면 어찌할 것인가?
상황이 잘못되었으면,
곧바로 멈추고, 혹은 멈추도록 외쳐라.

  –「모택동 문집」, 제6권, 477쪽.

    不要专门喜欢事后批评。
    事后也必须批评,
    最好是刚露头就批评。
    专门喜欢事后批评,
    缺乏临机应变的指导, 这是不好的。
    如果遇到情况不对, 怎么办呢?
    情况不对,
    立即煞车, 或者叫停车。

283.

단숨에 해치우는 것은,

종종 주도면밀하게 해야 하는 것을 생각지 못하게 한다.

나는 종종 이와 같이 하는데,

어떤 때는 잘못 계산하는 것을 면치 못하곤 한다.

－「건국 이래 모택동 문고」, 제7책, 326쪽.

一鼓作气,

往往想得不周,

我就往往如此,

有时难免失算。

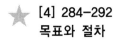
284.

정면으로 통하지 않으면,

옆으로부터 착수할 수 있는데,

전쟁과 같은 것이다……

배우는 것도 이와 같은데,

정면의 것을 일시 알 수 없으면,

옆의 것부터 보기 시작하여,

먼저 기초를 닦아놓으면,

서서히 정면의 것에 통할 수 있다.

　－『모택동 문집』, 제2권, 181쪽.

正面搞不通,

可以从旁的方面着手,

如打仗一样……

学习也是一样,

正面的东西一时看不懂,

就从旁的东西看起,

先打下基础,

就可以一点一点地搞通正面的东西。

285.

많은 사람들은 일의 경중을 가리지 않고 한꺼번에 하려고
하는데,

결과적으로 제대로 한 것이 없게 된다.

하나하나 하고,

분석하는 방법을 사용하도록 하여,

하나를 먼저 하고, 두 번째 것을 또 하고,

그렇게 해나가면,

먼저 10가지 일이 남아 있다가, 다시 8가지 일이 남게 되고,

마지막에는 전부 "다 하게" 되는 것이다.

- 『모택동 문집』, 제2권, 422쪽.

许多人想一把抓,

结果没有抓到。

要一条一条地搞,

要用分析的方法,

搞了一条, 再搞第二条,

这样搞下去,

先剩下十条, 再剩下八条,

最后全部"消灭"。

286.

우리들의 진지는 오로지 하나하나 씩 탈취해야 하는데,
그러려면 우리의 역량을 하나하나 씩 모아야 하며,
이는 하나의 실사구시적인 문제이다.

  -「모택동 문집」, 제3권, 419쪽.

我们的阵地只能一个一个地夺取，
我们的力量只能一点一点地聚集，
这是一个实事求是的问题。

287.

우리는 준비하지 않은 전쟁은 하지 않아야 하고,

파악하지 않은 전쟁은 하지 않아야 하며,

오직 전투하는 가운데 진지를 하나씩 탈취해 나가야 한다.

전체적으로 큰 곳에 착안한 후에 작은 곳에서부터 착수해
야 한다.

－『모택동 문집』, 제5권, 27쪽.

我们不打无准备之仗,

不打无把握之仗,

在战斗中要一个阵地一个阵地地夺取。

总之要大处着眼,

小处着手。

288.

서서히 추진하는 운동은,
보기에는 아주 느린 것 같으나,
사실은 매우 빠른 것이다.
보편적으로 일에 착수하는 방법은,
보기에 빠른 것 같으나,
사실은 느린 것이다.

  -「모택동 문집」, 제5권, 38쪽.

逐步推广的运动,
看来很慢,
其实是快;
普遍动手的方法,
看来是快,
其实是慢。

289.

일시적으로 할 수 없는 일은,
반드시 서서히 가면서 하도록 허락해야 한다.

  -『모택동 문집』, 제6권, 326쪽.

  一时办不到的事,
  必须允许逐步去办。

290.

겉으로 보기에는 매우 강해 보이나,

실제상으로는 두렵지 않은 종이 호랑이다.

겉모습은 마치 호랑이 같으나,

실은 종이 같으니,

가벼워서 바람 불고 비가 들이치면 견디지 못할 것이다.

......

예를 들면 그것이 10개의 이빨이 있어,

먼저 하나를 빼버리면 9개가 남고,

다시 하나를 빼버리면, 8개가 남는다.

이빨을 다 빼버리면 또한 발톱이 있다.

그러나 한 발 한 발 열심히 하게 되면,

마지막에는 성공할 수 있는 것이다.

－「모택동 문집」, 제7권, 73쪽.

外表很强, 实际上不可怕, 纸老虎。

外表是个老虎,

但是, 是纸的, 经不起风吹雨打。

......

比如它有十个牙齿,

第一次敲掉一个, 它还有九个,

再敲掉一个, 它还有八个。

牙齿敲完了, 它还有爪子。

一步一步地认真做, 最后总能成功。

291.

현재의 마음속에는 어떤 수가 하나도 없으나,

서서히 수는 생기게 마련이다.

모든 일은 시작할 때는 언제나 뾰족한 수가 없는 것이다.

– 『모택동 문집』, 제7권, 73쪽.

现在心中无数,

慢慢就会有数。

一切事情开头的时候总是心中无数的。

292.

우리는 전략상 밥 먹는 것을 경시해야 한다.

이런 밥을 우리는 충분히 먹을 수 있다.

그러나 구체적으로 먹으려면,

오히려 한 입 한 입 먹어야 하는데,

당신은 술자리에서 술을 한 입에 털어 넣을 수는 없을 것
이다.

이는 각각 해결해야 할 문제이니,

군사 서에서는 이를 각개 격파라고 한다.

— 「모택동 문집」, 제7권, 329쪽.

我们在战略上貌视吃饭：

这顿饭我们能够吃下去。

但是具体地吃，

却是一口口地吃的，

你不可能把一桌酒席一口吞下去。

这叫做各个解决，

军事书上叫做各个击破。

293.

적이 진격해 오면 우리는 후퇴하고,
적이 주둔하면 우리는 교란시키고,
적이 피로하면 우리는 공격하며,
적이 후퇴하면 우리는 추격한다.

  - 『모택동 선집』, 제2판, 제1권, 104쪽.

  敵进我退,
  敵驻我扰,
  敵疲我打,
  敵退我追。

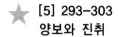

294.

진공하기 위해 방어하고,

전진하기 위해 후퇴하며,

정면을 향하기 위해 측면을 향하고,

곧장 난 길로 가기 위해 구부러진 길로 가는 것은,

많은 사물이 발전 과정 중에서 피할 수 없는 현상이다.

－「모택동 선집」, 제2판, 제1권, 196쪽.

为了进攻而防御,

为了前进而后退,

为了向正面而向侧面,

为了走直路而走弯路,

是许多事物在发展过程中所不可

避免的现象

……

295.

누구도 모르는,

권술을 하는 두 명이 맞서게 되면,

총명한 권술을 하는 사람은 종종 일보 후퇴하나,

바보 같은 자는 그 기세가 흉흉해서,

먼저 자신의 모든 것을 뿜어내면서 전력을 다하지만,

결과는 종종 한 발 물러선 자가 그를 쓰러뜨리게 된다.

– 『모택동 선집』, 제2판, 제1권, 203쪽.

谁人不知,

两个拳师放对,

聪明的拳师往往退让一步,

而蠢人则其势汹汹,

辟头就使出全副本领,

结果却往往被退让者打倒。

296.

수면과 휴식은 시간을 잃는 것이지만,

다음 날 일할 수 있는 힘을 얻게 해준다.

만일 어떤 바보 같은 사람이,

이 이치를 모르고,

잠자는 일을 거절하면,

그는 다음 날 정신이 없을 것이니,

이것이 장사에서 손해 본다는 것이다.

   – 『모택동 선집』, 제2판, 제1권, 211쪽.

    睡眠和休息丧失了时间,

    却取得了明天工作的精力。

    如果有什么蠢人,

    不知此理,

    拒绝睡觉,

    他明天就没有精神了,

    这是蚀本生意。

297.

일체 당시의 구체상황에 의거해서,

당시의 전체 국면과 전 시기에 대해 이익이라고 보면,

더구나 결정적 의의가 있는 하나의 국부적이고, 한때의 시간이라면,

반드시 꽉 붙들어 잡고 놓지 말아야 하는데,

그렇지 않으면 우리는 추종주의 혹은 방임주의가 될 것이다.

퇴각은 종점이 있게 마련이니,

바로 이 같은 도리이다.

– 『모택동 선집』, 제2판, 제1권, 212쪽.

一切依照当时具体情况看来对于当
时的全局和全时期有利益的,
尤其是有决定意义的一局部和一时间,
是应该捉住不放的,
不然我们就变成自流主义,
或放任主义。
退却要有终点,
就是这个道理。

298.

적에게 핍박 받아 피동적인 위치에 서게 되는 일은,
언제나 있게 마련인데,
중요한 것은 신속하게 주동적 지위를 회복하는 것이다.
만일 이러한 위치로 회복될 수 없으면,
일의 결과는 실패한 것이다.

– 『모택동 선집』, 제2판, 제1권, 223쪽.

被敌逼迫到被动地位的事是常有的,
重要的是要迅速地恢复主动地位。
如果不能恢复到这种地位,
下文就是失败。

299.

오직 현재의 유동생활 중에서 노력하는 것만이,
장래에 비교적 유동생활을 하지 않게 될 것이고,
최후의 안정을 얻게 될 것이다.

　－『모택동 선집』, 제2판, 제1권, 229쪽.

　　只有在现在的流动生活中努力,
　　才能争取将来的比较地不流动,
　　才能争取最后的稳定。

300.

결전을 하지 않는다는 것은,

토지를 방기하자는 것이니,

이는 의심의 여지가 없는 것이다.

그러나 피할 수 없는 상황 하에서는,

(또한 근근이 이러한 상황에서)

용감하게 방기할 수밖에 없다.

상황이 이런 때에 이르게 되면,

조금도 연연해하지 말아야 하는데,

이는 토지로써 시간을 바꾸는 정확한 정책이다.

– 「모택동 선집」, 제2판, 제2권, 507쪽.

不决战就须放弃土地,

这是没有疑问的,

在无可避免的情况下

(也仅仅是在这种情况下),

只好勇敢地放弃。

情况到了这种时候,

丝毫也不应留恋,

这是以土地换时间的正确的政策。

301.

일보 후퇴하는 목적은 무엇인가?

전진을 준비하기 위함에서다.

왜 우리는 연안으로 물러나왔는가?

연안으로 물러난 것은 서안을 공격하기 위한 준비이다.

한 발 물러났다가 두 발 세 발 나아가기 위함이다.

우리들의 사상 중에,

일하는 중에 한 발 물러서는 정책은 주동적으로 선택한

것이다.

– 「모택동 선집」, 제2판, 제5권, 28쪽.

退一步的目的是什么?

是准备前进。

为什么我们退出延安?

退出延安是准备打到西安。

退一步, 进两步, 三步。

在我们思想中, 工作中,

退一步的政策是主动采取的。

302.

현재는 이미 필요한 것이고,

또한 가능성이 있다는 것인데,

이는 잠재력이 아주 크기 때문이다.

만일 가서 발굴하지 않으면,

그것은 바로 점진적으로 나아가 전진하지 않겠다는 것이다.

다리는 본래 길을 걷자고 있는 것인데,

언제고 서서 움직이지 않는다면 그것은 잘못된 것이다.

– 『모택동 선집』, 제2판, 제6권, 301쪽.

现在是既需要,

又可能,

潜在力很大。

如果不去发掘,

那就是稳步而不前进。

脚本来是走路的,

老是站着不动那就错了。

303.

소위 기회주의라는 것은,

바로 이곳에 이로운 것이 있으면 이 일을 하고,

저곳에 이로운 것이 있으면 그 일을 하는 것처럼,

일정한 원칙이 없고,

일정한 규정이 없으며,

일정한 방향이 없어서,

오늘도 이 모양,

내일도 그 모양인 것을 말한다.

  – 「모택동 문집」, 제7권, 95쪽.

所谓机会主义,

就是这里有利就干这件事,

那里有利就干那件事,

没有一定的原则,

没有一定的章程,

没有一定的方向,

他今天是这样,

明天又是那样。

304.

충분한 휴식과 훈련이 있어야 하는 데도,
반대로 아무 쓸모도 없는 것들이 급해하는데,
학습이 필요한 것은 천천히 해야 한다.,

- 「모택동 문집」, 제1권, 361쪽.

要有充分的休息训练，
反对无益的急，
学习必要的慢。

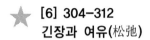

305.

우리가 필요한 것은 열렬하면서도 진정할 줄 아는 정서이고,
긴장하면서도 질서 있게 일하는 것이다.

　–『모택동 선집』, 제2판, 제1권, 202쪽.

　　我们需要的是热烈而镇定的情绪,
　　紧张而有秩序的工作。

306.

일이 비교적 많다고 해도,

안배할 수가 있으나,

일단의 시간 내에 하나의 중요한 문제를 처리하자면,

이러한 것을 느끼지도 못한 채 아주 급하게 할 수 있다.

　-『건국 이래 모택동 문고』, 제4책, 207쪽.

　工作虽多,

　可以安排一下,

　一段时间内只处理一个主要问题,

　这样也就会不觉得太忙了。

307.

두 가지를 모두 꽉 움켜쥐어야 하는데,

공부하는 것을 움켜쥐어야 하고,

수면 휴식 오락도 움켜쥐어야 한다.

과거에는 오로지 하나만을 움켜쥐었는데,

다른 하나는 움켜쥐지 못하거나 혹은 움켜쥔 적이 없거나

했다.

– 「모택동 문집」, 제2판, 제6권, 278쪽.

两头都要抓紧,

学习工作要抓紧,

睡眠休息娱乐也要抓紧。

过去只抓紧了一头,

另一头抓不紧或者没有抓。

308.

한 물결이 평온해지지 않았는데도,

다른 한 물결이 또 다시 일어나 밀려오지만,

사실은 그 중간에 좀 쉬게 된다.

두 개의 산 사이에는 하나의 계곡이 있지만,

두 물결 사이에는 하나의 숨어 있는 물결이 있는 것이다.

– 「모택동 문집」, 제6권, 476쪽.

一波未平一波又起,

中间要歇一歇。

两山之间有一谷,

两波之间有一伏。

309.

물에는 물결이 있고, 뜨거움에는 뜨거운 열기가 있다.

일정한 의의 상에서 말하면,

길을 가도 물결이 일어나는데,

한 발 한 발 걸으면 바로 물결이 이는 것이다.

노래하는 것도 물결이 일어나는데,

노래가 한 구절 끝나면 다시 두 번째 구절을 노래하는 것이지,

한 번에 7, 8개 구절을 노래할 수는 없는 것이다.

글씨를 쓰는 것도 물결이 일어나는데,

한 자를 다 쓰면 다시 한 자를 쓰게 되는 것이지,

한 번에 몇 백 개의 글자를 쓸 수는 없는 것이다.

이것이 사물 모순운동의 곡절이다.

－「모택동 문집」, 제7권, 200쪽.

水有水波, 热有热浪。

在一定意义上讲,

走路也是起波的, 一步一步走就是起波。

唱戏也是起波的. 唱完一句再唱第二句,

没有一口气唱七八句的。

写字也起波, 写完一个字再写一个字,

不能一笔写几百个字。

这是事物矛盾运动的曲折性。

310.

전쟁에서 승리한 후에는,
곧바로 새로운 임무를 제시해야 한다.
......
교만함을 생각해도 교만해질 시간이 없어야 한다.
새로운 임무가 압박해 오면,
여러분들의 심사는 "모두 어떻게 새로운 임무를 완성할까?"
하는 문제로 돌아가 버리고 말 것이다.

– 「모택동 문집」, 제7권, 350쪽.

在打了一个胜仗之后,
马上就要提出新任务。
......
想骄傲也没有骄傲的时间。
新任务压来了,
大家的心思都用在如何完成
新任务的问题上面去了。

311.

너무 급하면 일을 성사시키지 못하고,
급할수록 더욱 일을 이루지 못하게 되는데
이는 좀 늦어지는 것보다 못하므로,
파도치듯이 앞을 향해 발전해 나가야 한다.
이는 사람이 길을 걷는 것과도 같은데,
한바탕 걷고 나서는 휴식을 취해야 한다.

　－「모택동 문집」, 제8권, 236쪽.

　　十分急了办不成事,
　　越急就越办不成,
　　不如缓一点,
　　波浪式地向前发展。
　　这同人走路一样,
　　走一阵要休息一下。

312.

병이 나도 성급해 하지 말아야 하는데,
급할수록 더욱 나빠지기 때문이다.
마음을 편하게 하여 치료하는 것이,
상책이다.

－「건국 이래 모택동 문고」, 제10책, 91쪽.

有病不要性急,
越急越坏。
安心治疗,
是为上策。

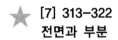
313.

전체적인 국면을 품고 있지 않으면,
실제로 절묘한 바둑 한 수를 둘 수가 없다.

– 『모택동 선집』, 제2판, 제1권, 221쪽.

没有全局在胸,
是不会真的投下一着好棋子的。

314.

만일 어떤 모종의 의견이 국부적인 상황만을 보고서 행하거나,
전체 국면 상황을 보고서 행하지 않으면,
반드시 국부적인 시각이 전체 국면을 보는
시각에 복종해야 한다.
이것과 상반되는 것도 마찬가지인데,
국부적인 상황을 보고서 행하지 않고,
전체 국면의 상황을 보고서 행하려 할 때도,
또한 반드시 국부적인 상황을 본 시각이
전체 국면을 본 시각에 복종해야 한다.
이것이 바로 전체 국면을 고려하는 관점이다.

  –『모택동 선집』, 제2판, 제2권, 525쪽.

    如果某项意见在局部的情形看来是
    可行的,
    而在全局的情形看来是不可行的,
    就应以局部服从全局。
    反之也是一样,
    在局部的情形看来是不可行的,
    而在全局的情形看来是可行的,
    也应以局部服从全局。
    这就是照顾全局的观点。

315.

한 사람이 하는 일은 단지 동기에 의거하게 되고,
효과에 대해서는 묻지를 않으니,
한 의사가 단지 약방문을 처방하는 것에만 관심을 둔다면,
병자가 얼마나 먹고 죽는지 그는 관여하지 않는다.

－「모택동 선집」, 제2판, 제3권, 873쪽.

一个人做事只凭动机,
不问效果,
等于一个医生只顾开药方,
病人吃死了多少他是不管的。

316.

사람은 왜 귀가 두 개나 자랐는가?

하나만 자라면 왜 나쁜 것일까?

이는 연구해 볼 수 있는 것이다.

내가 보기에 두 개의 귀가 자라난 좋은 점은,

한 귀는 이쪽 것을 듣고,

다른 한 귀는 저쪽 것을 들을 수 있기 때문이다.

－『모택동 문집』, 제3권, 257쪽.

人为什么要长两个耳朵,

长一个岂不好吗?

这很可以研究一下,

我看长两个耳朵的好处是：

这个耳朵听这一面,

那一个耳朵听那一面。

317.

계통적으로 문제를 해결하는 것을 과학적이라고 하는 것
이고,

계통적이지 않은 것은 자질구레한 것이며,

정확한 것도 과학적인 것은 아니다.

－『모택동 문집』, 제3권, 402쪽.

系统地解决问题才叫做科学,

不是系统的而是零碎的,

就是正确的也不是科学的。

318.

"피아노 치는 법"을 배워라.

피아노를 치는 것은 열 개의 손가락이 모두 움직여야 하는데,
어떤 것은 움직이고, 어떤 것은 안 움직일 수가 없다.
그러나 10개 손가락이 동시에 모두 내리 누르면,
곡조가 될 수 없다.
……

모두를 돌아다 봐야지,
단지 일부 문제에만 주의하고 다른 것을 던져버려서는 안 된다.
무릇 문제가 있는 곳은 모두 중요한 점이 있는 것이므로,
이 방법을 우리는 반드시 배워야 한다.

– 「모택동 선집」, 제2판, 제4권, 1442쪽.

学会"弹钢琴"。
弹钢琴要十个指头都动作,
不能有的动, 有的不动。 但是,
十个指头同时都按下去, 那也不成调子。
……
都要照顾到,
不能只注意一部分问题而把别的丢掉。
凡是有问题的地方都要点一下,
这个方法我们一定要学会。

319.

넓고 깊은 방법이란,

먼저 널리 본 후에 깊이 봐야 한다는 말이다.

서서히 넓은 곳으로 걸어가고 나서,

서서히 깊은 곳으로 걸어가라.

속셈을 알기 위해서,

한두 개 비교적 작은 문제 속으로 파고 들어가면,

대량의 문제는 반드시 홀시하게 되어 큰 문제는 버리고 만다.

먼저 모두 어떤 여러 문제들이 있는지,

전반적인 면을 살펴보고, 묻고, 생각하여,

널리 구해야 한다.

그렇게 하지 않으면 위험한 것이다.

– 「건국 이래 모택동 문고」, 제7책, 111-112쪽.

广与深的方法 :
先广后深。逐步广, 逐步深。
为一下摸深,
钻到一二个较小的问题里去,
势必把大量的问题忽略了, 把大问题丢了。
先全面看一下, 问一下, 想一下,
一共有些什么问题。求广。
不这样是危险的。

320.

한 지방 혹은 한 문제를 깊고 확실하게 이해해야,
향후 다른 지방 혹은 다른 문제를 조사할 때,
당신은 쉽게 해결 방법을 찾게 될 것이다.
그렇지 않으면 해결 방법을 쉽게 찾지 못할 것이다.

- 「모택동 문집」, 제8권, 260쪽.

深切地了解一处地方或一个问题,
往后调查别处地方或别个问题,
你就容易找到门路。
不然就不容易找到门路。

321.

누가 당신에게 계통 없이 해결하라고 했는가?
개별적으로 해결하려 들면,
머리가 아프면 머리를 고치고,
다리가 아프면 다리를 고치는 미봉책이 남발하게 되는데,
그래서는 안 되며,
문제를 해결할 수가 없게 된다.

    -「건국 이래 모택동 문고」, 제12책 145쪽.

    谁让你没有系统地抓起来呀?
    个别的抓了,
    头痛医头,
    脚痛医脚,
    不行,
    问题不能解决。

322.

당면한 일은 먼저 3분의 1부터 해결하고자 해야 한다.

- 「건국 이래 모택동 문고」, 제13책, 34쪽.

面上的工作要先抓好三分之一。

323.

마음 놓고 이후의 변화를 헤아리는 것은 어렵고,

멀리 보면 볼수록 더욱 막막하지만,

그러나 대체적인 계산은 가능하므로,

전도에 대래 멀리 바라보며 예측하는 것이 필요하다.

- 『모택동 선집』, 제2판, 제1권, 221-222쪽.

尽管往后变化难测,

愈远看愈渺茫,

然而大体的计算是可能的,

估计前途的远景是必要的。

324.

만일 그들이 일의 전도에 대해 보지 못했다면,
그들은 시간에 따라서 흘러갈 것이며,
비록 일에 노력을 기우려도,
승리하지 못할 것이다…….
보통 사람은,
과거와 눈앞의 상황에 쉽게 미혹되어,
지금 이후에도 그런 정도에 불과할 것으로 생각한다.

- 「모택동 선집」, 제2판, 제3권, 881쪽.

如果他们不能事先看到,
那他们就只会跟着时间迁流,
虽然也在努力工作,
却不能取得胜利……。
普通的人,
容易为过去和当前的情况所迷惑,
以为今后也不过如此。

325.

큰 것을 보고자 하면,
보편적으로 대량의 것을 봐야 한다.
많은 동지들이 종종 보편적으로 대량의 것을 보지 못하고,
오로지 국부적인 소량의 것만을 본다.

　－「모택동 문집」, 제3권, 381쪽.

　要看大的东西,
　要看普遍的大量的东西。
　许多同志往往对于普遍的大量的
　东西看不见,
　只看见局部的小量的东西。

326.

소위 예견한다는 것은,

모종의 것이 이미 대량으로 보편적으로 세계상에 출현하여,

눈앞에 나타났을 때에 보이는 것을 말하는 것이 아니라,

언제나 멀리 볼 것을 요구하는 것을 말하는데,

바로 지평선 상에서 조그마한 것이 막 나올 때,

즉 머리 일부가 막 노출되었을 때,

앞으로의 진행상황을 바라보는 것을 말한다.

아직은 소량으로써 보편화 되지 않았을 때,

앞의 것을 능히 볼 수 있다면,

그것의 장래의 보편적 의의를 바로 볼 수 있는 것이다.

－「모택동 문집」, 제3권, 395쪽.

所谓预见, 不是指某种东西已经
大量地普遍地在世界上出现了,
在眼前出现了, 这时才预见；
而常常是要求看得更远,
就是说在地平线上刚冒出来一点的时候,
刚露出一点头的时候,
还是小量的不普遍的时候, 就能看见,
就能看到它的将来的普遍意义。

327.

맹목적인 것은 예견하는 바가 없다는 것이고,

예견을 방해하는 것이다.

교조주의, 경험주의는 예견하는 것을 불가능하게 한다.

예견하는 바가 없으면 영도력이 없다는 것으로,

영도력이 없으면 승리할 수 없는 것이다.

따라서,

예견하는 바가 없으면 일체 모든 것이 없는 것이라고 말

할 수 있다.

― 「모택동 문집」, 제3권, 396쪽.

盲目性是没有预见的,

是妨碍预见的。

教条主义, 经验主义是不可能有预见的。

而没有预见就没有领导,

没有领导就没有胜利。

因此,

可以说没有预见就没有一切。

328.

만일 문제가 있으면,

개개의 다른 것들 가운데서 보편성을 찾아야 한다.

모든 참새를 잡아 해부해서,

그런 후 "참새는 비록 작으나 간장은 모두 갖추고 있다"
는 식으로,

증명해서는 안 된다는 말이다.

종래의 과학자들이 모두 이런 식으로 일한 것은 아니다.

– 『모택동 문집』, 제6권, 478쪽.

如果有问题,

就要从个别中看出普遍性。

不要把所有的麻雀统统捉来解剖,

然后才证明"麻雀虽小, 肝胆俱全"。

从来的科学家都不是这么干的。

329.

여러 가지 사정들이 아직 나타나지는 않았지만,
비록 예측할 수 있다고는 하더라도,
오히려 구체적으로 해결할 수 있는 방침과 방법을,
충분히 제시하는 것과는 다르다.

　–「모택동 문집」, 제7권, 260쪽.

　有些事情还没有出现,
　虽然可以预料到,
　却不等于能够具体地提出解决的
　方针和办法。

330.

한 사람이 재주가 있고 배움이 있어도,
만일 돌아가는 상황을 잘 식별하지 못한다면,
그것은 바로 아주 둔하고 굼뜬 것이다.

　-『건국 이래 모택동 문고』, 제7책, 209쪽.

　一个人尽管有才有学,
　如果不善于识别风向,
　那还是很迟钝的。

331.

볼 수 있어야 하고,

꽉 잡을 수 있어야 한다.

이 두 가지 능력은 모두 있어야 한다.

무릇 일을 한다는 것은,

먼저 볼 수 있어야 한다는 말이다.

만일 이런 일조차 볼 수 없다면,

당연히 꽉 잡는 문제는 얘기할 수도 없는 것이다.

- 「건국 이래 모택동 문고」, 제11책, 198쪽.

要看得到,

抓得起。

要有这两种能力。

凡办事,

首先要看得到。

如果连那件事看都没有看到,

当然谈不到抓的问题。

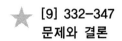

[9] 332-347
문제와 결론

332.

    당신이 그 문제의 현실 상황과 역사 상황에 대해 조사하지 않아,

    그 속내를 모를 것이니,

    그 문제에 대한 발언은 반드시 쓸데없는 말일 것이다.

    쓸데없는 말로서 문제를 해결할 수 없다는 것은

    여러분들도 잘 알 것인데,

    그러면,

    당신의 발언권을 정지하는 것에

    어떤 불공평이 있다고 할 수 있겠는가?

    – 『모택동 선집』, 제2판, 제1권, 109쪽.

    你对那个问题的现实情况和历史
    情况既然没有调查,
    不知底里,
    对于那个问题的发言便一定是瞎说一顿。
    瞎说一顿之不能解决问题是大家明了的,
    那末,
    停止你的发言权有什么不公道呢?

333.

당신은 그 문제를 해결할 수 없나요?

그러면,

당신은 가서 그 문제의 현상과 그것의 역사를 조사해 보
아라.

당신이 완전히 전부를 조사하면 잘 알 것이고,

당신은 그 문제에 대해 해결할 방법을 알게 될 것이다.

모든 결론은 상황을 조사하는 말미에 나타나는 것이지,

그 처음에 있는 것이 아니다.

– 『모택동 선집』, 제2판, 제1권, 110쪽.

你对于那个问题不能解决吗?

那末,

你就去调查那个问题的现状和它的

历史吧！

你完完全全调查明白了,

你对那个问题就有解决的办法了。

一切结论产生于调查情况的末尾,

而不是在它的先头。

334.

당신의 다리를 열심히 사용하여,

당신이 일하는 범위의 각 부분, 각 지방을

부지런히 다니도록 하고,

공자가 말한 "매사를 물어서 하라"라는 의미를 배워라.

"10개월간 아기를 뱃속에서 기르는 것"처럼 조사를 하고,

"하루아침에 분만하는 것"처럼 문제를 해결하라.

조사는 바로 문제를 해결하는 것이다.

  - 「모택동 선집」, 제2판, 제1권, 110~111쪽.

迈开你的两脚,

到你的工作范围的各部分各地方去走走,

学个孔夫子的"每事问",

任凭什么才力小也能解决问题……

调查就像"十月怀胎",

解决问题就像"一朝分娩"。

调查就是解决问题。

335.

여러분들이 잘 알고 있듯이,

어떤 일을 하던 간에,

그 일의 정황과 그 일의 성질,

그리고 그것과 그것 이외 사정과의 관련성을,

잘 알지 못하면,

곧 그 일의 규율을 모를 것이고,

어떻게 해나가야 하는지를 모르게 되므로,

그 일을 잘 해낼 수가 없는 것이다.

– 『모택동 선집』, 제2판, 제1권, 110-111쪽.

大家明白,

不论做什么事,

不懂得那件事的情形,

它的性质,

它和它以外的事情的关联,

就不知道那件事的规律,

就不知道如何去做,

就不能做好那件事。

336.

지휘자의 정확한 부서(部署) 내원은 정확한 결심에서 나
오고,

정확한 결심 내원은 정확한 판단에서 나오며,

정확한 판단 내원은 주도면밀한 것과 필요한 정찰,

그리고 정찰해서 얻은 각종 자료와 연관시켜서 하는

사색에서 나온다.

- 『모택동 선집』, 제2판, 제1권, 179쪽.

指挥员的正确的部署来源于正确的决心，

正确的决心来源于正确的判断，

正确的判断来源于周到的和必要的侦察，

和对于各种侦察材料的联贯起来的思索。

337.

어떤 사람을 막론하고 어떤 사물을 인식하려면,
같이 그 사물에 접촉하는 것을 제외하고,
그 사물의 환경 속에서 생활(실천)하면,
해결할 방법은 없는 것이다.

   -『모택동 선집』, 제2판, 제1권, 286-287쪽.

   无论何人要认识什么事物,
   除了同那个事物接触,
   即生活于(实践于)那个事物的环境中,
   是没有法子解决的。

338.

대작가는 방구석에 앉아서 상상에 의거하여 글을 써서는
안 되고,

그런 식으로 써내는 것도 안 된다.

......

일을 경험하지 않으면 어려움을 모르고,

모든 하나의 작은 일도 오히려 풍부한 내용이 있으며,

실제생활을 경험하면서 비로소 알 수 있어야 한다.

- 「모택동 문집」, 제2권, 123-124쪽.

大作家不是坐在屋子里凭想像写作的,

那样写出来的东西是不行的。

......

事非经过不知难,

每每一件小事却有丰富的内容,

要从实际生活经验中才会知道。

339.

만일 우리가 문제를 관찰하는 것이 주마간산식이면,
각양각색의 모든 것을 관찰한다고 해도,
이는 단지 쓸데없이 시간을 낭비하는 것이고,
한 가지 일도 이루어내지 못한다.

　－「모택동 문집」, 제2권, 381쪽.

　　如果我们观察问题是走马看花的,
　　各样都弄一点,
　　这只是空花费了时间,
　　一事无成。

340.

만일 주요 모순을 잃어버리고,
나아가 사소한 것이나 자세히 연구하면,
마치 나무를 보고 숲을 보지 못하는 것과 같아서,
여전히 발언권은 없는 것이다.

- 「모택동 문집」, 제2권, 382쪽.

假若丢掉主要矛盾,
而去研究细微末节,
犹如见树木而不见森林,
仍是无发言权的。

341.

그들에게 어느 정도 시간을 주어 당신의 마음을 모색토록
하여,

서서히 그들로 하여금 당신의 진의를 충분히 이해하도록
하고,

당신을 좋은 친구로 보도록 해야,

그런 후에야 비로소 진정한 상황을 조사해 낼 수 있는 것
이다.

　- 「모택동 문집」, 제2권, 383쪽.

给他们一些时间摸索你的心，
逐渐地让他们能够了解你的真意，
把你当做好朋友看，
然后才能调查出真情况来。

342.

좋은 것을 보았다고 전부가 좋다고 생각하고,

나쁜 것을 보고 전부 나쁘다고 하지 말아야 한다.

만일 다른 사람이 전부 좋다고 말하면,

당신은 곧바로 묻도록 하라.

정말 전부가 좋습니까?

만일 다른 사람이 전부 나쁘다고 말하면,

당신은 곧바로 묻도록 하라.

조금도 좋은 곳은 없나요?

  –『모택동 문집』, 제7권, 444쪽.

不要看到好的就认为全好,

看到坏的就认为全坏。

如果别人说全好,

那你就问一问：

是不是全好?

如果别人说全坏,

那你就问一问：

一点好处没有吗?

343.

가서 조사를 하면,

자기로 하여금 다른 생각을 하게 할 것인데,

그런 다른 생각이 없으면 행동할 수가 없다.

상황을 이해하려면,

눈으로 보고, 입으로 묻고, 손으로 기록해야 한다.

담화할 때는 모여서 말하도록 해야지,

그렇지 않으면 속을 수가 있다.

- 「모택동 문집」, 제8권, 233쪽.

去做调查,

就是要使自己心里有底,

没有底是不能行动的。

了解情况,

要用眼睛看, 要用口问, 要用手记。

谈话的时候还要会谈,

不然就会受骗。

344.

상황을 명확히 알지 못하면, 정책이 부정확해지고,
결심이 크지 않으면, 방법도 문제가 있게 된다.
의사가 병을 보려면 먼저 진단을 하는데,
중의는 보고, 듣고, 묻고, 진맥하여,
먼저 병증을 확실히 알고 난 후에 처방한다.
우리가 전쟁을 하면 먼저 정찰을 해야 하는데,
적의 상황, 지형을 정찰하여 상황을 판단한 후,
그런 다음 부서별 대오 및 병참지원 등에 대한
결단을 내려야 한다.
역대 전쟁에서 패한 원인은,
대부분이 상황에 대해 명확하게 알지 못했다는데 있었다.

　－「모택동 문집」, 제8권, 253쪽.

　情况不明, 政策就不正确,
　决心就不大, 方法也不对头。
　医生看病是先诊断,
　中医叫望, 闻, 问, 切,
　就是先搞清病情, 然后处方。
　我们打仗首先要搞侦察,
　侦察敌情, 地形, 判断情况,
　然后下决心, 部署队伍, 后勤等等。
　历来打败仗的原因大都是情况不明。

345.

우리에게는 많은 동지가 있지만,

새로운 상황, 새로운 사물에 대해 조사 연구를 안 하고 있고,

자기 자신 또한 알지 못한 채,

그런 상황에서 일을 하고 있는데,

물건을 모른다는 것은 곧 물건을 알지 못한다는 것이므로,

이를 어찌 일을 잘 한다고 할 수 있겠는가?

　－「모택동 문집」, 제6권, 11쪽.

我们有许多同志,

对新情况,

新事物不作调查研究,

自己又不懂得,

就在那里办事,

不懂货就不识货,

这怎么能办好事情呢?

346.

무릇 걱정스러운데도 해결방법이 없을 때는,
곧바로 가서 조사하고 연구하라.
조사하고 연구를 한 번 하고 난 후에는,
방법이 바로 나타나게 되고,
문제도 곧 해결되는 것이다.

－「모택동 문집」, 제8권, 261쪽.

凡是忧愁没有办法的时候,
就去调查研究,
一经调查研究,
办法就出来了,
问题就解决了。

347.

한 차례 조사로써 진정 충분히 인식했다는 것은 확실하지
않다.

첫째,

다른 사람이 진실한 말을 해줬다는 것이 확실하지 않기
때문이다.

둘째,

자신이 이해하고 온 상황에 대해서,

충분히 이해를 잘 했다고 확신할 수 없기 때문이다.

– 「건국 이래 모택동 문고」, 제13책, 177쪽.

调查一次也不一定能够真正认识的。
第一，
别人不一定讲真话。
第二，
自己对于了解来的情况不一定能够
理解得好。

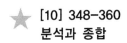

348.

우리는 분석과 종합하는 방법을 이용해야 하고,

모든 사물 가운데서 문제를 뽑아내어 분석해야 하며,

다시 나아가 종합해야 한다.

－『모택동 문집』, 제2권, 375쪽.

我们要用分析和综合的方法,

从整个事物中抽出问题来作分析,

再加以综合。

349.

문제를 제기하면 또한 분석을 활용해야 하는데,
그렇지 않으면, 모호하고 어지러운 많은 사물의 현상에 대해,
당신은 문제 즉 모순이 있는 곳을 알 수가 없게 된다.
......
언제나 문제를 제기해야 하지만,
그러나 아직 해결할 수 없는 것은,
바로 아직 사물의 내부적인 연계관계가
폭로되지 않았기 때문이므로,
바로 이러한 계통적이고 주도면밀한 분석 과정을
거치지 않았다는 것인데,
그 때문에 문제의 면모를 명확하게 알지 못해,
아직 종합적으로 일을 할 수가 없기에,
문제를 잘 해결할 수 없게 되는 것이다.

－「모택동 선집」, 제2판, 제3권, 839쪽.

提出问题也要用分析,
不然, 对着模糊杂乱的一大堆事物的现象,
你就不能知道问题即矛盾的所在。
......
常常问题是提出了. 但还不能解决,
就是因为还没有暴露事物的内部联系,
就是因为还没有经过这种系统的周密的
分析过程, 因而问题的面貌还不明晰,
还不能做综合工作, 也就不能好好地解决问题。

350.

일하는 것이란 하나의 완전함을 말하는 것이기에,

더욱더 분석하여,

그 성적과 결점을 지적해 내고,

비평과 자아비평을 전개하는 것이

바로 분석하는 방법이다.

일에 대해 결론을 내고자 하면, 종합해야 한다.

분석을 하지 않으면 종합할 수가 없고,

종합은 분석의 결과이고,

분석은 종합의 수단이며,

사물에 대해 해부해야만,

비로소 총결할 수 있는 것이다.

– 「모택동 문집」, 제3권, 73쪽.

工作是一个整体, 如加以分析,

指出其成绩和缺点,

开展批评与自我批评,

这是分析的方法。

对工作还要做结论, 即是说要综合。

不作分析就无法综合,

综合是分析的结果. 分析是综合的手段,

对事物要有解剖. 才能总结。

351.

우리의 많은 동지들은 분석하는 머리가 결핍되어 있어,
복잡한 사물에 대해서,
반복해서 깊이 들어가 분석하는 것을 원하지 않고,
절대적으로 긍정하거나,
혹은 절대적으로 부정하여,
간단히 결론내리는 것을 좋아한다.

   -「모택동 선집」, 제2판, 제3권, 939쪽.

我们许多同志缺乏分析的头脑,
对于复杂事物,
不愿作反复深入的分析研究,
而爱作绝对肯定或绝对否定的简单结论。

352.

우리가 한 사물을 분석한다는 것은,

먼저 분해를 가해야 하고, 두 개의 방면으로 나누어서,

어느 것이 정확하고, 어느 것이 부정확한지,

어느 것을 발양시켜야 하고, 어느 것을 버려야 하는가를

찾아내는 것인데,

이것을 바로 비평이라고 하는 것이다.

자신의 업무, 자신의 역사에 대해서 더욱 분석하는 것은,

자아비평이라 한다.

다른 사람에 대해서 분석을 행하는 것은,

바로 다른 사람을 비평하는 것이다.

　－「모택동 문집」, 제3권, 254쪽.

　我们分析一个事物,
　首先加以分解, 分成两个方面,
　找出哪些是正确的, 哪些是不正确的,
　哪些是应该发扬的, 哪些是应该丢掉的,
　这就是批评。
　对自己的工作, 自己的历史加以分析,
　这是自我批评;
　对别人进行分析, 就是批评别人。

353.

정확한 것과 잘못된 것,
성적과 결점의 한계를,
확실하게 구분하려면,
또한 그들의 중간이 어떤 것인가를
확실하게 하는 것이 중요하다.

......

자연히 한계를 잘 그으려면,
반드시 세밀하고 주밀한 연구와 분석을 거쳐야 한다.
우리들은 매 사람과 매사에 대해서,
모두 반드시 분석 연구하는 태도를 취해야 할 것이다.

– 「모택동 선집」, 제2판, 제4권, 1444쪽.

要划清正确和错误,
成绩和缺点的界限,
还要弄清它们中间什么是主要的,
什么是次要的。
......
自然, 要把界限划好,
必须经过细致的研究和分析。
我们对于每一个人和每一件事,
都应该采取分析研究的态度。

354.

어떤 사람들은 어떤 사물에 대해,

전혀 분석을 가하지 않고,

완전히 '바람'에만 의거한다.

오늘 북풍이 불면, 그는 북풍파가 되고,

내일 서풍이 불면, 그는 서풍파가 되며,

후에 또 북풍이 불어오면, 그는 또 다시 북풍파가 된다.

자기의 주견이라고는 조금도 없고,

왕왕 하나의 극점에서 다른 극점으로 걸어가기만 한다.

  –『모택동 문집』, 제7권, 41–42쪽.

有些人对任何事物都不加分析.

完全以"风"为准。

今天刮北风, 他是北风派.

明天刮西风. 他是西风派.

后来又刮北风. 他又是北风派。

自己毫无主见.

往往由一个极端走到另一个极端。

355.

반드시 우리의 모든 것을 긍정해서는 안 되고,
오직 정확한 것만을 긍정해야 한다.
동시에 반드시 우리의 모든 것을 부정해서는 안 되고,
오직 잘못된 것만 부정해야 한다.

  –『모택동 문집』, 제7권, 274쪽.

不应该肯定我们的一切,
只应该肯定正确的东西;
同时,
也不应该否定我们的一切,
只应该否定错误的东西。

356.

소위 분석한다는 것은,
사물의 모순을 분석한다는 것을 말한다.
생활을 잘 알지 못하면,
논하고자 하는 모순에 대해 진정으로 이해를 못하고,
정곡을 찌르는 분석은 불가능하다.

– 『모택동 문집』, 제7권, 277쪽.

所谓分析,
就是分析事物的矛盾。
不熟悉生活,
对于所论的矛盾不真正了解,
就不可能有中肯的分析。

357.

모순은 어떤 것을 찾는다는 것이 아닌데,
혹자는 찾을 수 없다고 하는 것처럼,
모순은 어디에나 충만해 있다.
한 곳에만 존재하지 않는 모순은 없지만,
어느 누구라도 힘써 분석할 수 없는 모순은 없는 것이다.

– 「모택동 문집」, 제7권, 332쪽.

不是什么找到或者找不到矛盾,
而是充满着矛盾。
没有一处不存在矛盾,
没有一个人是不可以加以分析的。

358.

어떤 동지가 한 말이 맞는다고 할 수 있는데,
나의 물건을,
그는 잘 쓸 수 있다고 말하기도 하고,
잘 쓸 수 없다고도 말했는데,
이것은 바로 분석을 했다는 것이다.

　－「건국 이래 모택동 문고」, 제7책, 204쪽.

有一个同志讲得对,
我的东西,
他说有些能用,
有些不能用,
这就作了分析。

359.

세계상에는 분석할 수 없는 사물은 없지만,

단지,

첫째, 상황이 다르고,

둘째, 성질이 다르다는 것뿐이다.

- 『모택동 문집』, 제8권, 106쪽.

世界上没有不能分析的事物,

只是:

一、情况不同;

二、性质不同。

360.

정의(定義)는 분석의 결과이지,

분석의 출발점은 아니다.

문제를 연구하는 것은,

반드시 역사적 분석으로부터 시작되어야 한다.

　－「모택동 문집」, 제8권, 139쪽.

　　定义是分析的结果,

　　不是分析的出发点。

　　研究问题应该从历史的分析开始。

마오쩌둥 잠언

초판 1쇄 인쇄	2015년 6월 10일
초판 1쇄 발행	2015년 6월 20일
저 자	중국중공문헌연구회 편
옮긴이	김승일
발행인	김승일
펴낸곳	경지출판사
출판등록	제 2015-000026호
판매 및 공급처	도서출판 징검다리 / 경기도 파주시 산남로 85-8
	Tel : 031-957-3890~1 Fax : 031-957-3889
	e-mail : zinggumdari@hanmail.net

ISBN 979-11-955508-0-7 03320